元手5万円から2年で年商4億円にした男が書いた

会社を辞めずに 年収 1000万円稼ぐ！ 中国輸入ビジネス

佐藤大介 Daisuke Sato

ぱる出版

まえがき：会社を辞めずに副業だけで１０００万円稼げる方法があった！

はじめまして！　中国輸入アドバイザーの佐藤大介です。

この本では、私がこれまで実践してきた「中国輸入ビジネス」の知見とノウハウを、余すことなく紹介しています。

日本人の多くは「輸入」、とくに「中国輸入」という言葉に高いハードルを感じています。そのため、マーケットは大きく、簡単に利益が出せるのに、やらない人が多いのです。だからこそ逆に、大きなチャンスが眠っているのが「中国輸入」なのです。

実は、中国輸入では、誰でも50円の商品を１０００円で売ることができます。

その一例として靴下が挙げられます。ネットで売れる靴下の多くは、デザイン性に富んでいる靴下です。そういった商品が、20倍で売れる可能性を秘めています。

他にも、20倍の価格で売れる商品があります。私は最初の頃、サングラス、スマホケース、ストラップ、パワーストーンなどを扱いましたが、どれも面白いほど儲かりました。

そもそも世の中の多くのビジネスは、「安く仕入れて高く売る」ことを基本としています。

この本では、あなたが自宅に居ながら、しかもほとんどお金がかからない小資本で、中国輸入ビジネスをはじめる方法を紹介します。

３か月で月収10万円、１年で月収１００万円、年収１０００万円も夢ではありません。あなたがそうなれるかどうかは、この本を最後まで読むかどうかにかかっています。そして書いてあるとおりに実践していただければ、間違いなく年収１０００万円以上稼げるようになるはずです。

かつて私は、６０００円から１万円が相場のスーツケースを４０００円で売り、アマゾン販売ランキングで１位を取るなど、大ヒットさせたことがあります。

そんなに安く売って儲けは出るのかと思うかもしれませんが、なんと、仕入れ価格はわずか１２００円。３倍以上の値段をつけても売れまくったのです。

この商品だけで、年間２億円稼げました。しかも、５年以上にわたり今も売れ続けています。

ほとんどの人は、「スーツケースは大手企業が作るもの」と思っています。しかし個人でも仕入れはできますし、アマゾンという巨大市場で売ることも可能です。

事実、日本のアマゾンだけでも、年間２兆円分もの商品が売れています。小売業界が不景気にあえぐ中でも、毎年、売上が伸び続けているのです。

アマゾンだけではありません。メルカリやヤフオクは、個人でも、すぐに商品を売ることができます。

おなじみの楽天やヤフーショッピングは少し手間がかかるものの、その分、大きな売上が見込めます。個人で年商10億円超えも夢ではありません。

これら、インターネットで売られているもののほとんどは「中国製」です。今まで大手企業しかできなかった中国製品の輸入も、そしてその販売も、今では個人でも簡単にできるのです。

その種明かしはこの本ですべて紹介しますが、仕入れ金額の3倍や5倍で売れる商品は、それこそ山ほどあります。

それらを見つけて安く仕入れ、ネットでアップしていくだけで、仕事中にも、遊んでいるときにも、寝ている間にだって10個、20個と売れ、日々、売上金が入ってくるのです。

こんなに手軽で確実に儲かるビジネスがあるのに、なぜみんなやらないのか。私は不思議で仕方がありません。

その訳は、冒頭にも書いた「中国輸入」という、なんとなくむずかしそうな言葉から。しかし本書のとおりに実践すれば、まったくむずかしくありません。

すべての儲かる原則は、安く買って高く売るということです。

たったこれだけを極めていくことで、確実に、あなたの年収がプラス1000万円になることをお約束します。

■いろいろな副業をやったけど、結局、ネット通販が一番儲かった

今、国は「働き方改革」を推進しています。その結果、残業ができなくなり、副業を認める企業も増えています。

経団連のトップである中西宏明会長は、「終身雇用を前提にすることが限界になっている」と述べ、事実上、終身雇用の終了を認めています。

その結果、退職金制度をなくす企業すら出てきているのです。

これらの動きと連動するように、現在、投資生活の本や副業の本、在宅ワークの本がたくさん出版されるようになりました。

私自身、かつては株やFX、アフィリエイト、情報商材、投資信託など、あらゆる投資に手を出しました。

しかし現在は、そのほとんどの投資から撤退しました。その理由は、リスクが大きかったからです。わずかな貯金もなくしてしまいました。

一方で、リスクがないものに関しては、ほとんど儲からなかったのが実情です。

たとえば株は、儲かっているときはいいのですが、必ず下がるときがあります。軍資金

が1000万円、2000万円と大きい割に利益率が低く、一夜にして株価が半分になったこともあります。

またFXは、ゼロサムゲームです。誰かが儲かったら、誰かが損をするというパイの取り合いです。

私はFXで失敗して、2時間で1000万円ほど失ってしまったこともあります。そのとき、私は日本から中国に行く飛行機に乗っていましたが、中国に着いたときには、1000万円が消えていました。

株やFXの場合は、1日中パソコンの前に座っていて、つねに価値変動が気になり、仕事が手につかなくなります。

仮想通貨も同様で、やはり私は1000万円ほどの損失を出しています。

その他、投資信託も購入してみましたが、ほとんど儲からないどころか、売り買いするたびにどんどん目減りしていきます。

すべての副業が大きなリスクを抱え、メリットよりもデメリットのほうが大きかったのです。

結局、安定的に儲かったのは、「中国輸入によるネット通販ビジネス」だけでした。だからこそ私は、中国輸入ビジネスを、自信をもって勧めます。

■時間の切り売りだけはしてはいけない

ここで、大切なことが1つあります。

それはコンビニや居酒屋での勤務のように、時給1000円のパートやアルバイトを副業と考えてはいけないということです。

なぜならば、人生で最も価値のある時間を売って、1000円の小銭を稼ぐのは実に効率が悪いからです。

しかも、時給で働くことで、稼げば稼ぐほど、自由な時間がなくなってしまいます。その結果、本当にやりたいことができないまま、一生を終えることになってしまいます。

時間を切り売りしてはいけません。時間はあなたの命であり、かけがえのないものです。

ですから、時給が2000円になろうと4000円になろうと、時間を切り売りする副業はオススメしません。

本書では、あなたが寝ていても自動的にものが売れて、自動的にお金が稼げる仕組みについて紹介します。

複雑な人間関係のストレスもなく、対人関係で悩むことのないビジネス――。

上司がおらず、自分が社長で、自分がオーナーのビジネス――。

ネット通販は、私があらゆる副業ビジネスをやってきた中で、最小の労力で、最大の利益を生み出す宝の山だと自負しています。

■ネット通販で成功する「門外不出の5つのワークシート」

とくに本書では、確実に年収1000万円を達成してもらうため、門外不出の「5つのワークシート」を初めて公開します。

ワークシートをまとめると、以下のとおりになります。

①最初の準備チェックリスト（アカウント作成から最初の販売までの手順）
②初心者用仕入れジャッジ チェックリスト（送料、関税、消費税、為替レートを入れた、本当の利益がわかる）
③売上改善チェックシート（商品ページがどんどん育つ）
④書き込み式オリジナルブランドスターティングノート（誰でもオリジナル商品が作れる）
⑤仕入れ計画表（在庫切れを回避する）

私は、中国輸入をはじめとするネット通販を実践し、失敗した方も多く見てきました。

その多くは、売れ筋商品の分析ができずに勘や思い込みで仕入れたり、仕入れる前に利益計算シミュレーションや仕入れ計画をきちんとしていなかったりなど、問題があったのです。

私自身としてはわずか5万円の元手ではじめ、2年で4億円の売上を達成することができました。

そのベースを支えてきたのが、この「5つのワークシート」なのです。

ぜひあなたも、会社に縛られない生き方、自分の夢を叶える生き方、世界でビジネスできる人生を、この本によって叶えてください。

会社を辞めずに
年収1000万円稼ぐ！
中国輸入ビジネス

もくじ

第1章 2年で4億！ これが噂の中国輸入ビジネス！

第2章 確実に稼ぐ！ ビジネスの準備をしよう

第3章 まずは月収10万円を稼いでみよう

第4章 手間を増やさず、月収30万円を達成しよう

第5章

オリジナル商品で月収50万円！

第8章 中国輸入ビジネスで、経済自由人になろう

カバーデザイン▼EBranch 冨澤 崇
図版作成▼原 一孝
本文レイアウト▼Bird's Eye

第1章

2年で4億!
これが噂の
中国輸入ビジネス!

01 安く仕入れて、高く売る！

中国輸入ビジネスの仕組みは簡単です。

あらゆる物販がそうであるように、「安く仕入れて、高く売る」。これを徹底することが、中国輸入ビジネスの基本となります。

昔ながらの商売人である近江商人にしても、あるいは富山の薬売りにしても、この「安く仕入れて、高く売る」という基本をふまえています。

そうすることで、仕入れ値と売り値の差額を利益として確保し、次の仕入れにつなげています。

つまりビジネスとは、この循環によって成り立っているのです。

私たちの身近にある他の商売も同様です。

たとえばコンビニエンスストアは、メーカーが製造した商品を、卸を通じて仕入れ、そこに利益を乗せて販売しています。

また、食品スーパーやディスカウントストアなども同じです。商品を仕入れて、利益を上乗せして販売し、得られた利益が次の仕入れにつながっているわけです。

ときどき、「安く仕入れた商品に、利益を上乗せしてもいいのでしょうか?」と心配する人がいます。そのような人はぜひ、身の回りにあるビジネスに目を向けてみてください。どの企業でも、どの店舗でも、「安く仕入れて、高く売る」の基本原理を踏襲しています。そしてそのような営みが、人々の暮らしを支えているのです。

上乗せされる利益というのは、正当な対価なのです。

本書で紹介している中国輸入ビジネスも、ECサイトで販売するという特徴はありますが、あくまでも、必要とする人がいるから成り立っています。

八百屋さんでも花屋さんでも、利益を上乗せして商売しています。まずは、「安く仕入れて、高く売る」という基本をふまえ、その仕組みを理解するようにしてください。

■ポイントは「中国市場から仕入れる」こと

では、どうすれば商品を安く、確実に仕入れることができるのでしょうか。ポイントは、「中国市場から仕入れる」ことにあります。

実は、中国市場には、ほとんどの日本人が知らない仕入れルートがあります。そこでは、多種多様な商品が安価で売られており、個人でもそれらを購入することができます。またその中には、ECサイトを含む日本の市場に出回っていないものもありますし、あるいは、すでに売られている商品より安くて高性能なものもあります。そうした商品を見極めて仕入れ、利益を上乗せして販売すれば、誰でも簡単に輸入ビジネスができてしまいます。これが、中国輸入ビジネスのからくりです。

大切なのは、流通の全体像を知ること。そして、輸入ビジネスの仕組みを理解することです。理解してしまえば、これほど簡単に取り組めるビジネスは他にありません。事実、たくさんの人が未経験から中国輸入ビジネスに参入し、結果を出しています。やればやるほど習熟していくため、利益を大きく伸ばせます。

失敗してしまうとすれば、それは、途中でやめてしまうこと。どんなビジネスでも、途中でやめてしまえば稼ぐことはできません。

まずは本書を熟読し、輸入ビジネスによって稼ぐ体験を積み重ねていきましょう。その過程で、自然に経験と知識が増えていきます。

くり返しになりますが、中国輸入ビジネスは、誰にでもできるビジネスです。誰でも参入でき、誰でも稼げる手法です。まずは、気軽に取り組んでいきましょう。

02 中国の商品が、私たちに届くまで

次に、仕入れた商品が私たちの手元に届くまでの流れを確認しておきましょう。

中国輸入ビジネスの仕入れは、主に、中国で展開されている2つのサービスを利用して行います。

その2つのサービスとは、「アリババ」と「タオバオ」です。

◎アリババ　https://www.1688.com/

◎タオバオ　https://taobao.com/

いずれも、中国でサービスを展開している大手のECサービスです。テレビやネットメディアなどで、その名前を聞いたことがある人もいるかもしれません。

どちらもECサイトであり、また取り扱っている商品が多種多様であることに変わりはないのですが、それぞれ、異なっている点もあります。

具体的には、アリババは中国の小売店やネットショップが使う仕入れサイトで、タオバオは楽天のような通販サイト（ECモール）です。

そのため、これから中国輸入ビジネスをはじめる人は、タオバオで少量の仕入れを行い、売れそうだと判断したらアリババで大量に仕入れるといいでしょう。

そうすることで、大量の在庫を抱えてしまうリスクを回避しながら、テストマーケティングをしつつ、商品を仕入れることが可能となります。

■在庫を抱えないためにできること

物販における最大のリスクは、不必要に在庫を抱えてしまうことにあります。売れない商品の在庫を抱え、それらをさばけなければ、赤字が続くことになるからです。

そのような状況を回避するためには、売れる商品を、売れるだけ仕入れる必要があります。それができるのも、中国輸入ビジネスの特徴です。

では、なぜ中国輸入ビジネスであれば、売れる商品を、売れるだけ仕入れることができるのでしょうか。それは、事前のリサーチが可能だからです。

本書ではとくに、メルカリ、ヤフオク、アマゾンでの販売をメインに紹介していますが、いずれのサイトでも、どのような商品が売れているのか調べられます。

中国商品の流通経路

(A)　中国の製造工場

↓　10元のコストで作って、

↓　20元（約340円）で売る

(B)　中国の問屋・商社

↓　アリババなど卸サイトで、

↓　29元（約493円）で売る　→(B”)**タオバオの店舗**は

48元(約816円)で売る

(C)　日本の問屋・輸入商社

↓　原価に国際送料・関税・利益を乗せて、

↓　定価1,980円に設定。卸価格1,188円（掛率60%）

(D)　日本の小売店・ネットショップ

→ 1,980円で売る(消費税別)

消費者（エンドユーザー）

中国輸入ビジネスでは
(B) で仕入れて、(D) として売る！

もちろん、すべての販売データが開示されているわけではありませんが、少なくとも、どのような商品が売れ筋で、どのくらい需要があるのかは、事前に予測できるのです。

そうした情報を各ECサイトから読み取り、仕入れの判断に応用すれば、売れる商品を、売れるだけ仕入れることも可能となります。経験を積めば積むほど、その勘所がつかめるようになるでしょう。

具体的なリサーチの方法は後述しますが、慣れてしまえば簡単です。普段からインターネットに親しんでいる方であれば、すぐにコツをつかめるはずです。

さて、これらのサイトで販売されている商品は、もともと中国の製造工場でつくられています。それを中国の問屋や商社が購入し、アリババで販売。

それらを、私たちが購入します。つまり仕入れるわけです。

その後、仕入れた商品を日本のECサイトで販売し、一般消費者（エンドユーザー）に届ける。それが、中国輸入ビジネスの全体像となります。

現段階では、なんとなくでも構いません。仕入れから販売の流れを、あらかじめ、イメージしておきましょう。

03 作業は1日1時間からOK

アリババやタオバオなどのサイトで売れそうな商品を購入し、それを日本の各種サービス（アマゾン、ヤフオク、メルカリなど）に出品。商品が売れたら、購入者に郵送する。端的に表現すると、中国輸入ビジネスでやるべきことはこれだけです。シンプルだからこそ、正しく実践しさえすれば、誰でも利益をあげることができます。

一連の作業は、慣れてくれば1日1時間ほどで終わります。一方で収入は、月収10万円、30万円、さらには100万円を目指すことも可能です。

それだけに中国輸入ビジネスは、誰でもできて、誰でも稼げるビジネスだと言えるでしょう。

初期費用についても、仕入れ費用＋αとなるため、負担はわずかで済みます。

また、アルバイトやパートのように、時間で拘束されることもありません。発送などの基本作業は必要ですが、それ以外の業務は好きな時間に行えます。

たとえば、仕入れの前提となるリサーチ作業は、パソコンやスマートフォンがあり、インターネットにつながる環境であればどこでも可能です。

それこそ、自宅で行ったり、移動中に行ったり、あるいはノートパソコンを持ってカフェなどで仕事をすることもできます。

まさに、好きなところで作業できるのです。

一方でアルバイトやパートは、仕事場へと出向くのが普通です。その分、取り組める時間は限られていますし、通勤にともなう労力も必要でしょう。

「まえがき」でも述べているように、時間を使って収入を増やそうとする行為は、誰でも思いつく反面、可能性を狭めてしまうことになり兼ねません。

私たちが使える資源のうち、とくに有限である時間は非常に貴重です。その時間をどう使うのかによって、得られる収入も大きく変わります。

その点、「いかに時間を切り売りするという発想を転換できるか」がポイントとなるでしょう。中国輸入ビジネスによって、ぜひその感覚をつかんでほしいと思います。

■中国輸入ビジネスが副業として最適な理由

自由度という点でいうと、近頃よく見かけるようになった「ウーバーイーツ」のような働き方もあります。好きな時間に働けて、また自由度も高いのが特徴です。

ただし、物理的な移動がともなうところが難点です。

店舗と配送先を移動しなければならず、移動手段やそれにともなう労力も必要です。天候によって、条件は大きく変わります。

他方、中国輸入ビジネスは、屋内で完結できる仕事です。しかも、後述するアマゾンFBAを活用して商品を送ってしまえば、自宅に在庫を保管する必要もありません。

それこそ、場所に左右されることなく、また天候を気にすることなく、好きな時間に稼ぐことができるのです。

まさに、究極の効率的なビジネスと言えるでしょう。


また、アフィリエイトのようにサイト構築やデザイン、執筆スキルなどが求められることもなく、せどりのように仕入れに多大な手間ひまがかかることもありません。

もっと言えば、株式投資のデイトレードやFXのようにハイリスク・ハイリターンでもなく、いわば「ローリスク・ミドル（ハイ）リターン」を実現できる仕組みです。

ちなみに、各サイトに出品している商品は、あなたが寝ている間にも販売されています。

そのため、「寝ている間にも稼げる」ことも付言しておきましょう。

これほど優れた副業が、果たして、他に存在するでしょうか？

04

誰でも簡単にできる販売サイトはこれ！

中国通販ビジネスをするためには、「売り場」を知っておく必要があります。代表的な売り場は、「アマゾン」「ヤフオク」「メルカリ」の3つのサイトです。

あなたがパソコンやスマホを使い、これらのサイトに出品するだけで販売がスタートします。

それぞれのサイトの詳細や登録方法などは第2章で紹介するとして、ここでは簡単に概要だけふれておきます。

■アマゾン

アマゾンは、アメリカ最大手のオンラインショッピングサイトです。先進国のほとんどに進出していて、日本では2000年から運営されています。

最初はインターネット上の書店として開業し、現在では、あらゆる分野の商品が販売されています。ユーザーは男性が多めです。

現在、売上高でも楽天市場を抜いて、日本一のＥＣサイトになりました。

アマゾンの長所は、注文を受ける、発送など、お客さま対応のすべてをやってくれるＦＢＡ（フルフィルメント・バイ・アマゾン）があり、自動化できるということです。

■ヤフオク

続いてはヤフオクについてです。

ヤフオクは、もともと「Ｙａｈｏｏ！オークション」という名称で展開されていた、国内初のインターネット上のオークションサービスです。

利用者は男性が多く、中でも中高年者層が多く活用しています。

サイトを見てもらうとわかりますが、エンタメやホビー、ファッション、スポーツ、レジャー商品、家電、おもちゃ、アクセサリーなどが多く売られています。

もともとはオークション形式で取引されているのが特徴でしたが、現在は、価格を固定した取引が主流です。

■メルカリ

最後はメルカリです。

メルカリは、スマートフォンアプリを中心とした、インターネット上のフリーマーケットサービスです。

10代から30代の女性が多く活用しており、慣れれば1分で出品できると言われるほど、お手軽です。直感的に操作できるのが特徴と言えるでしょう。

そこで初心者はまず、手軽にできるメルカリとヤフオクからはじめて、「商品が売れる」感覚をつかむようにしてください。

とくにメルカリでは、ファッション、エンタメ、ホビー、ベビー用品、ビューティ、ヘルスケア商品などが売りやすいです。


これから中国輸入ビジネスをスタートしようという方は、まず、それぞれのサイトの特徴を理解することからはじめてください。

そのうえで、自分が取り扱いたい商品と、各サービスとの相性を検討するといいでしょう。

自分が好きな商品や、自分が詳しい商品から出品をはじめる人も多いです。

まずは、「もし自分だったら?」と想像を巡らせながら、サイトを回遊してみるのも良いでしょう。実際に購入しながら、イメージをふくらませてみてください。

そうした経験が、出品者として商品を販売するときに、知識やノウハウとして活かされていきます。

05

通勤時間がお金に変わる

仕入れた商品の出品先であるアマゾン、ヤフオク、メルカリは、どれもスマートフォンに対応しています。そのため外出時でも、できる作業はたくさんあります。

たとえば、商品のリサーチ。

どのような商品が販売されており、どのような商品が人気なのか、売れそうなのかなどは、スマートフォンで簡単にチェックできます。

会社員の方であれば、通勤時間を利用してリサーチすることも可能です。毎朝の通勤時間をリサーチにあてれば、日々、習慣として取り組むことができるでしょう。

また、通勤時間を利用してリサーチの習慣を身につけておくと、特別に意識することなく、売れる商品を見極められるようになります。

まさに、時間の有効活用です。

最近では、メルカリをはじめとして、〝顧客対応〟の重要性が高まっています。具体的には、顧客からの問い合わせに返答するなどの作業が求められているのです。

メルカリを利用したことがある人はわかるかと思いますが、商品を購入する前に、出品者に対して質問を送ることができます。

そこでは通常、

「どのくらい使用していますか?」

「○○円に値下げお願いします!」

「購入して良いですか?」

などの質問がなされています。

そのような質問をするユーザーは、多くの場合、購入者としての見込み度が高い人たちです。

そのため、質問に対してはできるだけ迅速に、そして丁寧に回答することが大切です。

といっても、スマートフォンアプリから簡単に行えるため、負担はありません。

通勤・通学のような移動中にできることは、限られています。その点、リサーチや顧客対応であれば、移動時間がお金に変わることになるのです。

ぜひ、通勤・通学のようなスキマ時間を有効活用し、中国輸入ビジネスを実践してお金を稼いでください。

■あらゆる情報がリサーチに変わっていく

具体的な手順については第3章以降で解説していますが、リサーチの基本は、「売れている商品」と「仕入れられる商品」の把握です。

いくら安く商品を仕入れても、売れなければ仕方ありません。

また、確実に売れる商品を見つけたとしても、仕入れができなければ意味がないでしょう。

そのため、メルカリ、ヤフオク、アマゾンなど、日本のECサービスをチェックしつつ、アリババやタオバオを確認するのがリサーチの基本動作となります。

慣れるにしたがい、世間ではどのような商品が流行しているのか、季節ごとに動きやすい商品はどれか、さらにはネット販売に向いている商品なども少しずつ見えてくるでしょう。

つねに輸入ビジネスを意識すれば、接する情報への感度が変わっていくのです。

その点においても、中国輸入ビジネスは、やればやるほど上達するビジネスと言えます。

そしてそれは、通勤時間などのスキマ時間からはじまるのです。

第2章

確実に稼ぐ！ビジネスの準備をしよう

01

メルカリ紹介とアカウント作成

第2章では、中国輸入ビジネスの出品先となるメルカリ、ヤフオク、アマゾンについて、それぞれの概要とアカウント作成の手順を紹介します。

これら3つのサービスを活用することで、輸入ビジネスそのものの基本テクニックやコツ、ノウハウをつかみながら、利益を大きくしていきましょう。

本書で実践する順番をふまえ、まずは、メルカリから見ていきましょう。

◎メルカリ　https://www.mercari.com/jp/

そもそもメルカリは、スマートフォンアプリを中心に、インターネット上で個人が売買できるフリーマーケットサービスのことでした。

フリーマーケットというと、もともとは〝青空市場〟のように、屋外でイベント的に行われていたものをイメージする人も多いかと思います。

そこでは、各人が持ち寄った小物や手作りの品を、思い思いの値段で取引している姿がありました。まさにメルカリは、それをインターネット上で実現しているサービスです。

その特徴は、スマートフォンユーザーを強く意識しているという点にあります。

アマゾンやヤフオクなどは、スマートフォンからも問題なく利用できますが、あくまでもパソコン上でのサービス利用を前提にスタートしています。

一方でメルカリは、スマートフォンで簡単にものを売ったり買ったりできる「フリマアプリ」という立て付けです。その点が多くのユーザーに支持され、拡大していきました。

最大の強みとして挙げられるのは、やはり、操作が非常に簡単であることでしょう。インターネットに慣れていない人でも、スマホ初心者であっても、すぐに使えます。

事実、メルカリで出品しているのは若い人だけでなく、中高年も増えています。不用品の処分という目的で、直感的に利用できるメルカリが選ばれているようです。

■メルカリでのアカウント作成手順

中国輸入ビジネスで利用する販売サイト（メルカリ、ヤフオク、アマゾン）のうち、最もアカウント作成が簡単なのはメルカリです。

加えて、出品用のアカウントを作成する必要もなく、ヤフオクやアマゾン（大口）のように、月額料金がかかることもありません。必要なのは、販売後の手数料だけです。

具体的な手順としては、まず、メルカリのアプリをスマートフォンやタブレット端末にインストールします。インストールしたらアプリを立ち上げ、会員登録に進みます。

◎Apple

◎Android

会員登録には、メールアドレス、ツイッターアカウント、フェイスブックアカウントのいずれかが必要です。

基本情報を入力すると、電話番号の確認を行い、ＳＭＳを確認すればアカウントの登録が完了します。これだけで、商品の購入も出品も可能です。

このように、メルカリの登録は非常に簡単です。ネット初心者の方は、ヤフオクやアマゾンのアカウントを作成する前に、着手してみるといいでしょう。

02 ヤフオク紹介とアカウント作成

次に、ヤフオクについて見ていきましょう。

◎ヤフオク　https://auctions.yahoo.co.jp/

第1章でも紹介したように、ヤフオクは「Ｙａｈｏｏ！オークション」という名称でスタートしました。１９９８年にアメリカで、翌年には日本でもサービスを開始しています。当時、インターネット自体が黎明期だったこともあり、インターネットを活用したサービスは、それこそ雨後の筍のように登場していました。

その中でも目立っていたのが、既存の商売をインターネット上で行うというものです。たとえば楽天は、ショッピングモールをインターネット上で再現しています。あるいはアマゾンにしても、最初は書籍の販売からスタートしているように、超大型書店をインターネット上で再現しているようなものでした。

そのように、インターネット上の仮想空間を利用し、既存のビジネスをバーチャルで行うことで、私たちの暮らしを大きく変えようとするムーブメントがあったのです。

一方でヤフオクはどうかというと、まさに、オークション会場をインターネット上で再現したサービスでした。しかも多くの人が、気兼ねなく参加できます。

それまでオークションというと、自動車や不動産、美術品など、一部の商品が「競売」のようなかたちで取引されていたのが一般的でした。

しかしヤフオクは、あらゆる商品にオークションという仕組みを導入できるようにし、インターネットオークションというインフラを日本で普及させたのです。

ヤフオクを利用する人は、出品者も購入者も、オークションという価格が変動していく過程を楽しむことができます。それは、従来の売買では得られない体験でした。

そうした特徴的なモデルであったことから、ヤフオクの利用者はどんどん増えていき、広く一般でも利用されるようになりました。

■ヤフオクでのアカウント作成手順

ヤフオクのアカウントを作成するには、まず、「Ｙａｈｏｏ！ ＪＡＰＡＮ ＩＤ」を取得しなければなりません。Ｙａｈｏｏ！ ＪＡＰＡＮ ＩＤとは、ヤフーが提供するサービスに共通のＩＤです。

◎Ｙａｈｏｏ！ＪＡＰＡＮ ＩＤの登録

https://account.edit.yahoo.co.jp/signup

Ｙａｈｏｏ！ＪＡＰＡＮ ＩＤを取得すれば、それだけでヤフオクでの入札や落札が可能となります。ただし、出品するには、「Ｙａｈｏｏ！プレミアム」と「Ｙａｈｏｏ！ウォレット」の登録が必要です。

◎Ｙａｈｏｏ！プレミアム：ヤフーが提供する有料サービス（月額５０８円※執筆時点）

https://premium.yahoo.co.jp/

◎Ｙａｈｏｏ！ウォレット：支払い方法と報酬を受け取る銀行口座の登録サービス（無料）

https://wallet.yahoo.co.jp/

それぞれのサービスに登録すれば、ヤフオクを利用して商品が出品できるようになります。まずは、Ｙａｈｏｏ！ＪＡＰＡＮ ＩＤを作成し、ヤフオクを利用してみるといいでしょう。

03 アマゾン紹介とアカウント作成

最後に、中国輸入ビジネスにおいて最も重要な出品先である、アマゾンについて紹介しましょう。アマゾンサイトとＦＢＡを活用することが、中国輸入ビジネスを加速させます。

◎アマゾン　https://www.amazon.co.jp/

アマゾンもヤフオクと同様に、発祥はアメリカです。日本語版サイトがオープンしたのは２０００年のことでした。それ以来、日本で最大のＥＣサイトへと成長しています。驚くのはその流通総額です。２０１０年代後半にかけて、日本市場だけでも、年間の流通総額は2兆円ほどまで拡大しているとされています。

日本のトップ企業であるトヨタ自動車単独の売上が1兆3千億円ほど（２０１９年度）ということを考えると、それが、どれだけ巨大であるか想像できるかと思います。

ちなみに、日本の小売店と比較するとどうでしょうか。たとえばイトーヨーカドーの場合、全国にあるすべての店舗を足し、それを2倍したものが、アマゾンの流通規模です。

こうした事実から、アマゾンが日本の商業市場を大きく揺るがす〝流通の黒船〟と言われているのも、うなずけるというものです。


さて、とてつもない流通規模を誇るアマゾンは、書籍からスタートし、現在では家電、小物、飲料、さらには食料品や自動車など、さまざまな方向に拡大しています。

豊富な商品ジャンルもさることながら、最大の特徴はやはり、強力な「レコメンデーション機能」でしょう。

これにより、商品の〝ついで買い〟が促されています。

ユーザーの趣味や思考を分析した的確なレコメンデーションは、私たちの商習慣を大きく変えました。

それにともない、アマゾンもまた成長してきたのです。

■アマゾンでのアカウント作成手順

アマゾンで商品を出品するには、まず、アマゾンで出品用アカウントを作成しなければなりません。

アカウントの作成は、アマゾンのホームページから行います。

※ログイン画面

https://sellercentral-japan.amazon.com

「登録に進む」をクリックし、電話番号を登録して「電話を受ける」を選択すると、登録した番号宛に電話がかかってきます（機械の音声です）。

その通話で4桁の数字を伝えられますので、番号を同じ画面に入力すると、出品アカウントの登録が完了となります。

ちなみに出品用のアカウントには、「小口」と「大口」があります。小口は無料で使えますが、その分、ツールやレポートの利用、決済方法、オプションサービスなどで制約があります。

中国輸入ビジネスの自動化・省力化を実現し、売上を最大化していくためには、大口を利用する必要があります。

小口ではじめて、慣れてきたら大口に移行しましょう。

小口出品にかかる手数料（1個あたり100円）を考えると、1月あたり50個以上の商

	大口出品	小口出品
月額登録料	4,900円	－
一括出品ツールの利用	✓	✗
注文管理レポートの利用	✓	✗
出品者独自の配送料金とお届け 日時指定の設定	✓	✗

https://services.amazon.co.jp/services/sell-on-amazon/individual-promerchant.html

品を販売する場合には、大口出品のほうがお得です。

ただ、そもそも利用できるサービスが異なるため、慣れてきた段階で早めに移行することをオススメします。それが結果的に、売上の拡大につながるためです。

たとえば、

・新規商品登録は「大口出品」に限定されている
・ビジネスレポート（出品ページへのアクセス数、売上情報）は大口だけ
・カートボックスが取れる（小口出品者だと安く販売しても取れない）

などの点で、大口出品に利点があります。

そのため、いずれは大口出品に移行することを前提に、アマゾンでの販売を実践していきましょう。

04

アマゾンFBAなら発送作業も不要!

本章の最後に、アマゾンFBAについてもふれておきましょう。

中国輸入ビジネスは、このアマゾンFBAを活用することで「省力化・自動化」を実現できます。

本書の構成としては、副業での〝稼ぐ感覚〟をつかんでいただくために、メルカリやヤフオクでの販売からはじめることを推奨しています。

具体的な内容としては、第3章でメルカリを、第4章でアマゾンとヤフオクを中心に、実践テクニックを紹介しています。第5章以降は、さらに収益を拡大するための応用です。

一方で、利益を大きくすることと同時に、「いかに時間・労力を減らすか」という点も重視しています。それが結果的に、より自由な働き方を実現する近道となるためです。

そこで重要となるのが、アマゾンFBAの活用です。

そもそもFBAとは、「Fulfillment-By-Amazon(フルフィルメント・バイ・アマゾン)」の略称です。フルフィルメントは、商品の受注から発送までを含む業務全体を表しています。

具体的には、

「倉庫での在庫保管」→「受注」→「注文確認」→「梱包」→「商品の出荷（発送）」→「代金回収」

といった、物販にともなう必要業務を含んでいます。

つまりＦＢＡは、商品の受注から発送まで、すべてアマゾンが代行してくれるサービスなのです。

実際の利用手順も簡単です。

商品にラベルを添付し、アマゾンフルフィルメントセンターへ納品します。これだけの作業で、あとはアマゾンが必要業務を代行してくれます。

その後については、商品が売れるたびに、アマゾンが受注確認から出荷準備、発送まですべて行ってくれます。まさに、自動化・省力化の実現です。

■アマゾンＦＢＡによって出品者は仕入れに注力できる

通常の物販では、大きく「①商品の仕入れ」「②販売」「③発送作業」という３つの作業が必要です。どれか一つでも欠けると、事業が成り立ちません。

ただ、個人で物販を行う場合、そのすべてをひとりで対応するには限界があります。そこで各種サービスを利用することとなるのですが、中でもアマゾンＦＢＡは、「②販売」はもちろん、「③発送」の部分まで代行してくれます。

その結果、利用者はリサーチを含む「①商品の仕入れ」に注力できるようになるわけです。時間と労力をかけられる分、仕入れの精度も高まっていくことでしょう。

このようにアマゾンＦＢＡは、中国輸入ビジネスの促進に欠かせないツールです。ただし、アマゾンＦＢＡの利用（大口）は有料です。そこで、まずは無料のメルカリで商品を販売することからはじめましょう。

そのうえで、ヤフオクやアマゾンでの販売も経験しつつ、自動化・省力化を実現していくのがオススメです。

次ページにビジネス準備チェックシートを載せましたので、参考にしてください。具体的な手順については、次章以降で詳しく紹介していきます。

ビジネス準備チェックノート

	メルカリ	ヤフオク！	アマゾン
①アカウント作成	・スマホアプリで登録 （出品も可能） iPhone　Android	・スマホアプリで登録 （出品も可能） iPhone　Android	・パソコンでURLにアクセス https://sellercentral-japan.amazon.com ※小口出品で登録
②商品リサーチ	・メルカリで売れている商品を見付けて、画像を保存（スクリーンショットOK） ・アリババ（http://1688.com）で、画像検索 ・仕入れジャッジシート（第3章）に入力 中国での仕入金額、ロット、重量 ・利益がしっかり取れるか確認！	・ヤフオク！で売れている商品を見付けて、画像を保存（スクリーンショットOK） ・アリババ（http://1688.com）で、画像検索 ・仕入れジャッジシート（第3章）に入力 中国での仕入金額、ロット、重量 ・利益がしっかり取れるか確認！	・アマゾンで売れている商品を見付けて、画像を保存（スクリーンショットOK） ・アリババ（http://1688.com）で、画像検索 ・仕入れジャッジシート（第3章）に入力 中国での仕入金額、ロット、重量 ・利益がしっかり取れるか確認！
	売れ筋かどうかの見極めは、第3章＆第4章で学ぼう！		
③仕入れ注文	・仕入れ代行会社を比較検討して、自分にあった業者を決めて連絡する。 ※値段だけでなく、リサーチの相談ができるか、検品ができるか、ＦＢＡ直送できるかなどのサービスもチェック ・月額定額制仕入れ放題、代行手数料無料の「イーウーパスポート」。こちらから申し込めば1ヶ月無料で使える。 https://yiwupassport.com/goldmember/book/ ・メルカリ、ヤフオク！で売る場合は自宅に送ってもらう ・アマゾンで売る場合は、FBAを使い、倉庫へ直送してもらう		
④出品	・スマホアプリで写真撮影して、出品	・まずは「ワンプライス出品」で出品	・パソコンでURLにアクセスし、https://sellercentral-japan.amazon.com「在庫」→「商品登録」で出品作業 ・全て出品作業をしたらＦＢＡ納品手続き ・ラベルデータ（ＰＤＦ）を代行会社に送って、ＦＢＡ倉庫に直送してもらう
	たくさん売れるようにするためのノウハウはこの後の章で学ぼう！		

第3章

まずは月収10万円を稼いでみよう

01

メルカリで売れている商品の調べ方

第3章では、中国輸入ビジネスのファーストステップとして、商品の仕入れからメルカリでの販売に着手してみましょう。目標は、月10万円の売上です。

最初に、メルカリを使って商品をリサーチするところからはじめます。

メルカリで売れる商品のリサーチは、非常に簡単です。これまでに、どのような商品が売れたのかをヒントにし、そこから売れそうな商品を探していきます。

「売れている商品を探して仕入れる」というスタンスは、ヤフオクに出品する場合でも、アマゾンに出品する場合でも、基本的には変わりません。

売れている商品を、できるだけ安く仕入れること。それが、「安く仕入れて、高く売る」という輸入ビジネスの王道を実践することになるからです。

では、どのようにして売れている商品を探せばいいのでしょうか。まずはアプリを立ち上げて、好きなカテゴリーの商品をチェックしてみてください。

たとえば、「カテゴリーからさがす」→「レディース」→「トップス」→「Tシャツ（半袖／袖なし）」と進んでみます。すると、レディースのTシャツがたくさん出てきます。

そこからさらに「商品の状態」→「新品、未使用」と絞り込んでみましょう。タオバオやアリババで仕入れる商品は、基本的に新品だからです

このとき、メルカリを利用したことがある人はご存知かと思いますが、すでに売れている商品が赤いラベルで「ＳＯＬＤ」と表示されています。

これが、メルカリですでに売れている商品です。つまり、このＳＯＬＤマークに着目しつつ、「どのような商品がこれまでに売れているのか」を調べるのが、メルカリでのリサーチとなります。（右下参照）

もし、ＳＯＬＤの商品が表示されない場合は、「販売中のみ表示」の欄にチェックが入っている可能性があります。チェックを外してみましょう。

また、絞り込みの段階で「販売状況」→「売り切れ」を選択すると、ＳＯＬＤ商品のみ

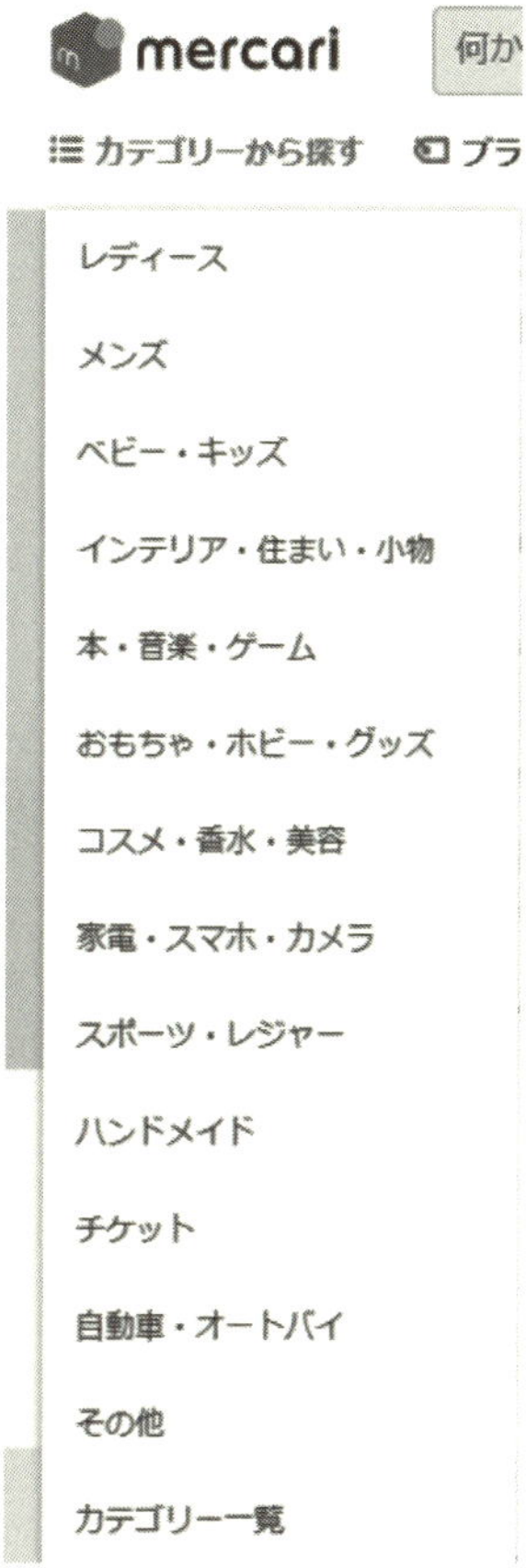

が表示されます。売れた商品のみを調べる場合は、そのようにしても構いません。ただ最初のうちは、現行の商品についても知っておいたほうがいいでしょう。そのため、最初からSOLDのみを表示させるのではなく、適宜、切り替えてみてください。

リサーチの際に注意したいのは、ブランド品は避けるということです。なぜなら、中国で販売されているブランド品はコピー品（偽物）の可能性があるためです。

もちろん、販売されているブランド品のすべてが偽物とは限りませんが、それを見極めることはむずかしいでしょう。リスクを回避するためにも、ブランド品は避けてください。キャラクター系の商品も同様です。通常、キャラクターの利用には許可（商標）が必要となりますが、それを無視して売られているものもあるので注意しましょう。

また価格については、目安として「売値で1500円以上」を基準にしてください。つまり、原価と諸経費に利益を上乗せしつつ1500円以上で売れる商品を狙います。

もちろん、売値が高ければ高いほど、販売個数は少なくて済みます。しかし、価格が高いものはメルカリで売りにくいケースもあるため、慎重に判断しましょう。

ここまでの内容をまとめると、次のとおりです。

・任意のカテゴリーで「新品、未使用」の品をピックアップする
・SOLDの商品を中心にチェックする

・売値が1500円以上になるものを探す
・ブランド品やキャラクターものは避ける（ノーブランド・ノーキャラクター品を狙う）

これらのポイントをもとに、リサーチを進めていきましょう。

02

仕入れてはいけない商品と仕入れ時の注意点

リサーチの段階から、ブランド品やキャラクター系のものは除外しておくと述べました。それらは、コピー品などが流通している可能性があるためです。

その点をふまえて、中国輸入ビジネスで仕入れてはいけない商品や、仕入れるべきでない商品、さらには販売する際の注意点について確認しておきましょう。

中国輸入ビジネスでは、どんな商品でも仕入れていいわけではありません。売れる商品を適切に見極め、仕入れるべき商品を選定していくことが大事です。

もっと言えば、いかに商品の選定をするか、言わば〝選球眼〟を養うことができるかが、中国輸入ビジネスの成否を分けるといっても過言ではありません。

たとえば、当然ですが、理由もなく売れそうにない商品を仕入れることは避けるべきです。最悪の場合、不良在庫を抱えることにつながりかねません。

ときどき、「現在は売れていない商品でも、大量に仕入れて安く販売すればいいのではないか」という意見をいただくこともあります。たしかに、それも1つの方法です。

事実、ディスカウントストアなどでは、商品を大量に仕入れて安く販売しています。そうすることで、いわゆる「薄利多売」の営業戦略をとっているわけです。

薄利多売とは、文字どおり、1商品あたりの利益を少なく設定する（価格を下げる）代わりに、大量の商品を売りさばくことで利益を積み上げていく手法です。そのためには回転率をあげなければなりません。

ただ、個人で行う輸入ビジネスの場合、最初からたくさんの商品を売ろうとするのは危険です。なぜなら、売れなかった場合に在庫が残ってしまうためです。

とくにメルカリの場合、ひとつひとつ商品を販売し、売れた場合には自ら発送手続きをしなければなりません。そうすると、大量の商品を売るのは非効率でしょう。

そうではなく、確実に売れそうなものをきちんと売り切り、着実に利益をあげていくほうが得策です。その点を理解したうえで、取り組むようにしてください。

仕入れるものの目安は、「売価1500円以上」の「売れている商品」です。それが、利益を得られる商品の最低条件です。

一方で、仕入れていけないものは、売れていないことに加えて次のようなものがあります。

・壊れやすい
・大きい
・重い
・食品
・化粧品などの液体物

これらの商品は、輸送の点で不利になることも多く、初心者のうちは避けるようにしましょう。

■「無在庫販売」の是非について

アパレル商品などを扱っている店舗でよくあるのが、季節ごとに行われる「セール」です。ちょっと時期をずらすだけで、同じ商品が何割引にもなるケースが多々あります。

では、なぜそのような割引価格で商品が販売されているのでしょうか。

ポイントは、「シーズンが過ぎてしまえば売れない」ことにあります。商品を仕入れて売るビジネスは、在庫があればあるほど、売れ残りリスクが増えます。

そのため、売れ残ってしまうぐらいなら、安くしてでも販売しようとするわけです。とくにアパレルは、季節ものが中心のため、定期的に在庫処分セールを行っています。

こうした仕組みをふまえたうえで、中には「売れてから仕入れをすればいいのでは？」と考える人もいるでしょう。

たしかにネット販売であれば、それも可能です。

そのような手法を「無在庫販売」と呼びます。

事実、輸入ビジネスを行っている人の中にも、無在庫での販売を推奨しているケースがあるようです。

ただ、無在庫での販売は、仕入れができなかった場合、購入者の不利益につながります。そのため各販売元は、無在庫販売を禁止する方向に動いています。

場合によっては、無在庫で販売している業者と判断され、アカウントが停止されることもあるようです。最終的には自己責任となりますが、とくに本書では、きちんと在庫を仕入れて販売することを強くオススメします。

03

タオバオ・アリババでの商品の探し方

メルカリの画面にあるSOLDマークに着目し、購入してはいけない商品を除きつつ、リサーチを進めていくと、仕入れるべき〝売れ筋商品〟の傾向が見えてきます。

その中から、低価格で輸入できそうな商品を見極めていきましょう。

具体的には、目星をつけた商品をタオバオやアリババで検索していきます。

中国には他のネットショップもありますが、この2つを使っておけば間違いありません。

事実、中国では「ネットショップの9割がタオバオ」と言われており、その規模は、日本のアマゾン、ヤフオク、楽天を合わせたような巨大ネットモールとなっています。

その証拠に、11月11日（独身の日：光棍節）のセールでは、わずか1日で楽天市場の年間売上高を超える規模の取引が行われています。

このことからも、いかにその規模が巨大か想像できるでしょう。

さて、第1章でもふれていますが、中国輸入ビジネスでメインに活用するのはアリババ

http://www.taobao.com/

とタオバオです。

タオバオでの商品リサーチは簡単です。トップページにある検索窓から、商品名を検索するか、あるいは画像をそのまま検索することもできます。

商品名で検索する場合は、「グーグル翻訳サービス」などを利用して中国語に翻訳したうえで検索しましょう。

日本語でそのまま検索すると、違う意味になる場合があるため注意してください。

画像検索の場合は、メルカリにある商品の画像をキャプチャーしてデスクトップなどに保存し、タオバオの検索窓にある「画像検索マーク」から検索します（左ページ上参照）。

画像検索マークが表示されない場合

http://www.1688.com/

は、タオバオのトップページ画面左上にある〝国の表示〟を変えてみてください。「全球」や「日本」ではなく、「中国」などにすると表示されるかと思います。

　中国語に翻訳しなければならないことを考えると、やはり、使い勝手がいいのは画像検索です。きちんと画像をキャプチャーできていれば、ほとんどのケースでヒットします。

　似たような商品の画

像がヒットしたら、その中から、該当する商品を探しましょう。

AIで検索されているため、そのすべてが完全に一致しているとは限りませんので注意してください。

同じ商品が見つかったら、価格をチェックしてみてください。メルカリでつけられている価格（売値）と、タオバオでの価格（原価）の差が大きければチャンスです。その価格差が、利益につながるためです。


このようにして、メルカリの商品とタオバオの商品を比較しつつ、リサーチをくり返していきましょう。

アリババでの操作も基本的には変わりません（前ページ下参照）。

リサーチを行う過程で、仕入れるべき商品の傾向が見えてきます。どんな商品が売れているのか、そして、どんな商品を仕入れられるかに着目しつつ、それぞれのサイトを往復してみましょう。

04

輸入原価を計算しよう

メルカリで売れている商品に目星をつけ、それがタオバオやアリババで購入できるとわかったら、次は、実際の仕入れを行います。

この段階で、仕入れにかかる費用について確認しておきましょう。購入した商品を日本に送るには、原価以外にいくつかの「諸経費」が必要となります。

そのため、購入価格自体はタオバオやアリババのサイトを見ればわかるものの、実際に仕入れる際には、諸経費も加味して計算するようにしましょう。

この場合の諸経費とは、主に「送料」「輸入関税」「消費税」の3つです。この3つを仕入原価に加えたものが、実際にかかる仕入れ費用（輸入原価）となります。

輸入原価の計算式は次のとおりです。

輸入原価＝（①商品単価＋②送料単価）×（③為替レート＋④関税率＋⑤消費税率）

※①と②は中国元、③④⑤は日本円で計算します。

ただ、毎回これだけの計算をするのは大変です。そこで、「③為替レート＋④関税率＋⑤消費税」の3つを、「今月はこのレートで計算する」と決めてしまいましょう。

たとえば③為替レートが1元＝15円だった場合の計算をしてみます。

次に④関税率は、商品の品目、原材料、素材、原産地によって細かく規定されています。財務省のホームページを見れば、各商品の基準値を調べることができます。また、後述する「輸入代行会社」に聞いてみてもいいでしょう。

◎財務省「実行関税率表」 http://www.customs.go.jp/tariff/

中国輸入ビジネスを実践していくと、感覚として「革製品は10％ぐらいだな」とか「これは無税だ」などと判断できるようになるのですが、最初のうちは調べなければわからないでしょう。

ここでは、平均的な関税率である10％として設定しておきます。

⑤消費税に関しては、輸入者が輸入時に納付するルールです。関税が0％の場合でもかかるので注意してください。消費税率は、２０１９年10月から10％となっています。

では、これらの設定で計算してみましょう。次のとおりです。

③15円×④10％×⑤10％≒18円

1元15円の場合だと、③④⑤が18円であるとわかりました。

さて、この18円を①商品単価と②送料単価にかければ、輸入原価が求められます。送料は商品の重さによって異なり、1kgあたり13元ほどとなります（イーウーパスポートの場合）。

商品原価が30元で、重さが1kgであった場合、1個あたりの輸入原価は次のようになります。

（①30元＋②13元）×18円＝774円

これが、最終的な輸入原価となります。

輸入原価を目安に、採算がとれそうな商品を、まずは「1商品5個ぐらい」から仕入れてみましょう。

05

輸入するなら必須！代行会社の選び方

さて、実際の仕入れに際しては、中国語でのやり取りが必要となります。そこで、中国輸入ビジネスを着実に進めていくために、専門のサービスを利用しましょう。

輸入による通販ビジネスをしたことがない人でも、「輸入代行会社」を活用すれば安心です。

「輸入代行会社」は、海外からの商品の輸入を代行してくる業者のことです。代わりに輸入してくれるため、そのぶんの手間ひまが軽減されます。

ここでは、これらの会社の探し方について説明しましょう。

中国輸入ビジネスの場合は、中国に拠点がある会社に代行を依頼することになりますが、「日本人が常駐している会社を選ぶ」ことが大切です。

なぜなら、トラブルになったときなど、心おきなく日本語で話せるほうがスムーズに解決できるからです。言葉がわからないために、交渉が止まることもありません。

また、その会社に実績がきちんとあるかどうかも、見逃せないポイントです。実績がない会社に頼むと、進行に時間を要したり、ミスが頻発したりすることがあります。

さらにもう1つ、とても重要なことがあります。それは、「営業許可証」と「貿易権」を持った正規の会社であるかという点です。

無届け業者として摘発されると、突然、業務が止まってしまうこともあります。当然、払ったお金が戻ってこないなど損害も生じてしまいます。

くれぐれも、きちんと中国政府の認可を受けている会社を選ぶようにしましょう。

そのようなことから、できれば、日本人が経営する会社を選ぶのがベストです。日系法人のほうが日本の商習慣にも明るく、細かい点でも行き違いが起きにくいためです。日本のマーケットに通用する商品の品質についても理解しているので、トラブルがおきにくいと考えていいでしょう。

これらのことをふまえつつ、中国輸入ビジネスを促進させる心強いパートナーとして、「輸入代行会社」を活用していきましょう。

実際の探し方としては、インターネットで検索し、ひとつひとつ許認可の有無や実績、評判などをチェックしていくのが無難です。

もちろん、価格等の諸条件についても考慮するようにしてください。ただ、過去の実績をチェックすれば、価格や内容が不適切な業者は、自然と除外されるかと思います。

より慎重に見極めたい方は、代行会社が主催しているセミナーや勉強会に参加してみるといいでしょう。無料のものと有料のものがあるので、それぞれチェックしてみてください。

とくに、積極的に情報発信を行っている業者ほど、知識や経験が豊富です。ホームページやSNSでの情報発信も加味しつつ、より良い業者を探してみてください。

06

出品前の諸注意とメルカリへの出品方法

メルカリとタオバオ、アリババでリサーチを行い、仕入原価を計算したうえで採算が合いそうだと判断したら、仕入れを敢行します。代行業者を使えば、仕入れも簡単です。

商品に応じて、品物が届くまでの期間は異なります。送料も加味しつつ、船便や空路など、状況に応じて選択するといいでしょう。

利用する代行業者にもよりますが、「購入」「検品」「輸送」までの日数を加味して、おおむね3日~1週間ほどが目安となります。もちろん、最短は空路です。

ただし、早く届く分、料金も高くなるので注意しましょう。

ちなみに、発注から商品到着までの間にタイムラグがありますので、この段階で出品しておくと無駄がありません。

ここまでの手順は、リサーチのコツさえつかんでしまえば、流れ作業のように行えます。慣れてしまえば、それこそ1日1時間ほどで終えられるでしょう。

■メルカリへの出品方法

さて、実際に品物が届いたら、メルカリに出品しましょう。アプリを立ち上げて「出品」という項目をタップし、出品する商品を登録します。

最初に商品の画像を登録しましょう。画像登録には、「写真を撮る」「アルバムから選ぶ」「バーコード（本・コスメなど）」があります。

中国輸入ビジネスの場合、タオバオやアリババでの情報がありますので、画像はそれを使えばいいでしょう。画像をキャプチャーすればそのまま使えます。

次に、「カテゴリー」や「商品の状態」を選びます。カテゴリーは、出品する商品に合わせて選択してください。わからない場合は、類似の商品をチェックしてみましょう。

さらに、商品名と説明を記入します。どのような商品なのか、すぐにわかるようにしておくのがポイントです。こちらも、他の出品を参考にするといいでしょう。

カテゴリーや商品名、説明などに悩む人も多いのですが、実は、それらはあまり重要ではありません。なぜならメルカリは、〝新しく出品されたものから順に掲載される〟ためです。

そのためユーザーは、新しいものから順に商品を閲覧することとなるのです。そう考えると、商品名や説明より、出品する時間やタイミングを工夫したほうが得策でしょう。たとえば、多くの人が閲覧するであろう夕方以降を狙ったり、土日にまとめて出品したりするなど、できることはたくさんあります。商品ごとに、最適なタイミングを探してみてください。

最後に「配送について」ですが、これは「らくらくメルカリ便」を選択することをオススメします。らくらくメルカリ便を利用すれば、次のようなメリットがあります。

・宛名書き不要
・全国一律の送料
・対応サイズが幅広い
・確認できる配送状況

・あんぜん匿名配送
・あんしん配送サポート

◎らくらくメルカリ便
https://www.mercari.com/jp/rakuraku-mercari/

07

「らくらくメルカリ便」で商品を発送しよう

メルカリの場合、アマゾンFBAのような代行サービスが用意されていないため、売れた商品は自分で発送手続きを行う必要があります。

そこで、出品した商品が売れた場合の手順について、あらためて確認しておきましょう。

手順はシンプルですし、作業も簡単なので心配いりません。


さて、出品している商品が売れると、プッシュ通知や登録しているメールアドレスに連絡があります（設定している場合）。

アプリを立ち上げ、その内容を確認してみましょう。

「取引画面」を開くと、「取引メッセージを送る」という項目があります。ここから、購入者に対してメッセージを送ることができます。

メルカリは、メッセージのやり取りがなくても、取引が完了できるよう工夫されています。ただ、気持ちよく取引するために、感謝の気持ちを伝えておくと、相手から良い評価をもらえるのでいいでしょう。


さて、売れた商品は梱包したうえで、配送しなければなりません。配送は、ヤマト運輸や佐川急便、日本郵政などの業者を利用します。

出品のところでもふれましたが、「らくらくメルカリ便」を利用すれば、スムーズに配送までの処理が行えます。ぜひ、積極的に利用するようにしましょう。

■「らくらくメルカリ便」の発送手順

「らくらくメルカリ便」を利用した場合の具体的な発送手続きは、次のとおりです。

まず、梱包した商品と、アプリ内で発行できる配送用の2次元コードを用意します。2次元コードは、商品サイズと発送元を入力し、「コードを生成」ボタンをタップすれば表示されます。

あらかじめ選択しておくとスムーズです。

2次元コードを生成したら、あとは最寄りのコンビニ（セブンイレブンやファミリーマート）に持っていくか、ヤマト運輸に集荷を依頼できます。

ヤマト運輸の営業所はホームページから検索できます。

◎ヤマト運輸
http://www.e-map.ne.jp/p/yamato01/

送料は、購入者が商品を受け取った後、手数料とともに売却価格から差し引かれます。

商品の発送を終えたら、アプリから「商品の発送をしたので、発送通知をする」をタップしておきましょう。

それで、やることはすべてです。

購入者が商品を受け取り、お互いに評価して、取引は終了となります。取引情報を確認し、販売利益を確認してみましょう。

08

1日4個売れるだけで、月収10万円達成できる！

ここまでの内容を実践すれば、問題なく、メルカリを活用した中国輸入ビジネスが行えます。手を動かしながら、各ツールの操作や出品、発送などの作業に慣れていきましょう。

さて、本章の冒頭でも述べているように、この段階での目標は月10万円の売上です。ゼロからはじめて10万円の売上をあげられれば、ファーストステップとしては上出来です。

では、どのくらい販売すれば月10万円の売上になるのでしょうか。実際に、シミュレーションしてみましょう。

たとえば、メルカリ内でもよく売れているものに「レディース用品」があります。メルカリは女性ユーザーが多いため、必然的に、女性物がよく売れています。

たとえば、カーディガンやニット、小物などのファッションアイテムは、おおむね1000〜5000円で取引されています。

中間の価格帯である2500円をベースにした場合、月商10万円を達成するのに必要な販売数は、わずか「40個／月」です。

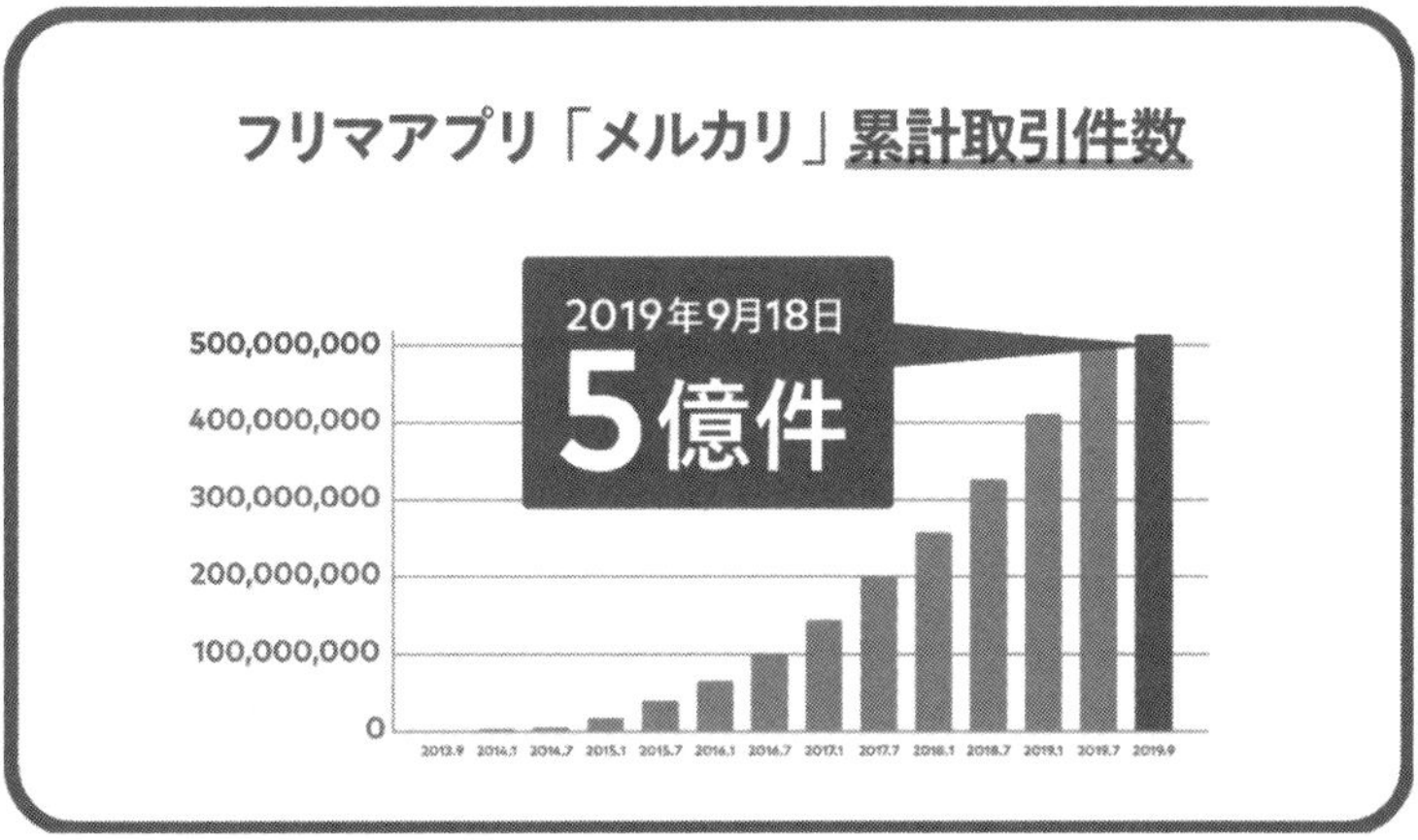

「メルカリ」プレスリリース
https://about.mercari.com/press/news/article/mercari_500million/

40個というと、１日あたり１～２個ほど商品が売れれば、それだけで達成できる数字です。そのペースで売れるものを発掘できれば、すぐに達成できてしまいます。

ちなみに、メルカリの発表によると、２０１９年9月18日時点におけるメルカリの累計取引件数は、５億件を突破したとのこと。

サービス開始日が２０１３年7月２日なので、およそ6年で達成したことになります。つまり、１か月あたり７００万件の取引がなされてきた計算です（上の図を参照）。

さらに、日本国内の利用者数は月間１３５０万人を超えているとのこと。２０１８年中に限ると、１秒あたり４・５

品が売れている計算になるそうです。

そう考えると、1か月で40個、1日あたり1～2個の商品を販売することは非常にハードルが低いとわかります。まずは、そこをクリアしていきましょう。

さて、ここまでの計算はあくまでも月の〝売上〟が10万円との設定でしたが、今度は、10万円の〝利益〟をあげる場合で考えてみたいと思います。

結論から言うと、原価率が30％を下回る商品を、月間で120個、1日あたり4個販売するだけで達成できます。

たとえば、売値が1500円で原価率が30％の商品だと、1個あたりの利益は1050円となります。これは1日4個、月に120個販売した場合です。

1050円×4個×30日＝126000円

メルカリ内でもそれほど高額でない1500円の商品であれば、1日4個売ることもむずかしくありません。これだけで、1か月10万円の利益が得られるようになるのです。

売れている商品のリサーチを行いつつ、月商10万円、そして月収10万円を実現していきましょう。

第4章

手間を増やさず、月収30万円を達成しよう

01

輸入ビジネスはアマゾンが主戦場

第3章では、タオバオやアリババで仕入れた商品を、メルカリで販売する方法について紹介しました。これだけで月収10万円は堅いです。

そこで第4章では、販売サイトとしてアマゾンやヤフオクを利用し、月収30万円を実現しましょう。当初の目標の3倍ですが、決して高いハードルではありません。

それだけアマゾンやヤフオクには、販売のポテンシャルがあるということです。具体的な手順について見ていきましょう。

まず、アマゾンとヤフオクの立ち位置ですが、第1章でも述べているように、中国輸入ビジネスの主戦場はアマゾンとなります。それも、アマゾンFBAを利用した取引です。

その点、メルカリやヤフオクは、「アマゾンで売れなかった商品を販売するプラットフォームである」ととらえていただいても構いません。

本書で最初にメルカリを取り上げている理由は、操作が簡単であり、かつ、最初の利益をあげやすいためです。

ここで小さな目標をクリアすることで、次に進みやすくなるという観点から、紹介しているに過ぎません。

つまり、本書の立ち位置としては、

・メルカリで出品（輸入ビジネスの練習）↓月収10万円達成
・アマゾン（相乗り）、ヤフオクで出品↓月収30万円達成
・アマゾンでオリジナル商品を売る（ＯＥＭ）↓月収50万円達成
・上記に加え、さらに工夫を重ねる（ＯＤＭなど）↓月収１００万円達成

という流れになっていることを、あらかじめ認識しておいてください。

■アマゾンでのリサーチ方法

では、アマゾンを活用したリサーチ方法について見ていきます。

アマゾンでのリサーチも、やるべきことは、メルカリのときとほぼ同じです。つまり、アマゾンで売れている商品を見つけ、仕入れが可能かどうかをチェックしていきます。

まずはアマゾンのサイトを開き、好きなジャンルの商品を閲覧してみましょう。狙うの

は、自分が得意なジャンルや興味があるジャンルです。

メルカリでの販売もそうですが、自分がそれほど詳しくないジャンルに参入してしまうと、商品自体に興味がもてないため、失敗する確率が高まります。

実店舗でも販売と同様に、ビジネスは、商品の質や流行を見極めることが大事です。その点をふまえて、ジャンルを選択するようにしてください。

私がオススメする分野は、「ホーム&キッチン」「ヘルス&ビューティー」「おもちゃ」「ホビー」「スポーツ&アウトドア」などです。これらは、趣味の知識が活かせます。

一方でオススメしない分野は、「家電」「カメラ」「本」「DVD」「食品」などです。とくに家電とカメラは、他の商品に比べると利益率が低い傾向にあります。

もし、利益率の低いジャンルを狙う場合は、周辺機器に着目してみてください。たとえばカメラ関連の商品を扱う場合でも、本体ではなく三脚などが狙い目です。

良さそうな商品を見つけたら、メルカリのときと同様に、タオバオやアリババに同じ商品があるかどうかチェックしてみましょう。もちろん、価格についても確認します。

その際、アマゾン内にあるランキングや売れ筋商品をヒントにしてもいいのですが、各種の分析ツールを活用するのもいいでしょう。

具体的には、「モノレート」や「オークファン」などがその代表です。

◎モノレート　https://mnrate.com/

◎オークファン　https://aucfan.com/

モノレートは、アマゾンに出品されている商品の価格推移や販売個数をチェックできるツールです。無料で提供されているため、気軽に利用することができます。

オークファンも似たような機能を備えていますが、こちらは有料版もあり、月額1万円ほどで利用できます。有料ということもあり、細かい分析などが可能です。

これらのツールも活用しつつ、中国輸入ビジネスの本質である「安く仕入れて、高く売る」を実現できそうな商品を探してみましょう。

ちなみに、仕入れの目安を挙げておくと、次のような指標が参考になるかと思います。

・相乗り出品：純利益率で15％以上
・オリジナル商品：純利益率30％以上
・大カテゴリーで１０００位以内
・小カテゴリーで１００位以内

まずは、これらの指標を目安に、仕入れる商品を探してみましょう。
次ページの仕入ジャッジシートで簡単に判断できます。

仕入れジャッジシート

amazon	商品写真				
	商品名 メイン素材	レインウェア	腕時計	ラッシュ ガードセット	
	販売相場(円) ※任意	¥ 1,880	¥ 2,980	¥ 3,699	⇐ アマゾンのデータを入力する
	重量(kg) ※任意	1.40 kg	0.10 kg	0.46 kg	⇐ アマゾンのデータを入力する
	備考	https://www.amazon.co.jp/dp/B07J5L94WM	https://www.amazon.co.jp/gp/product/B07JW9V1HM	https://www.amazon.co.jp/dp/B07R1V8YW9/	
仕入れ情報	単価(CNY)	CNY 21.90	CNY 58.00	CNY 60.00	⇐ アリババのデータを入力する
	卸ロット	10	50	2	⇐ アリババのデータを入力する
	在庫 or 納期	あり	あり	あり	
	問屋情報	https://detail.1688.com/offer/36794235547.html	https://detail.1688.com/offer/566188068341.html	https://detail.1688.com/offer/561170001259.html	⇐ アリババのデータを入力する
	備考				
計算結果	輸入原価 商品代金+送料 (JPY)	¥ 682	¥ 1,121	¥ 1,227	⇐ (CNY 単価+重量 × 送料単価) × 為替レート
	Amazon 手数料	¥ 732	¥ 579	¥ 579	⇐「FBA 料金シミュレータ」で 計算できる
	利益額 (JPY)	¥ 466	¥ 1,280	¥ 1,893	⇐ 販売相場−輸入原価 −Amazon 手数料
	利益率 (%)	24.78 %	42.95 %	51.17 %	
為替 レート (1CNY/円)	¥19.0	⇐ p.62 参照			
送料 1KG 単価↓	CNY10	⇐ 利用する代行会社のデータを入力する			

02

ヤフオク・アマゾンでの出品方法

アマゾンで販売（相乗り）でき、かつ、仕入れと採算が問題なさそうな商品が見つかったら、メルカリのときと同じように、アマゾンに商品を出品します。

具体的な出品方法について、ヤフオクとあわせて紹介しておきましょう。

■ヤフオクで商品を売る

まずは、ヤフオクの出品方法についてです。

現在、ヤフオクでは「オークション出品」だけでなく「フリマ出品」もできます。ご想像のとおり、フリマ出品は明らかにメルカリを意識したサービスでしょう。

どちらの場合も、出品手順はそれほど変わりません。

メルカリのときと同じように、画像、商品名、カテゴリ、状態、説明文、価格などを登録し、発送方法を選択します。

ただオークション出品の場合、あらかじめ「開始価格」を設定しなければなりません。

これは、オークションの性質上、「いくらから入札を開始するのか」を決めなければならないためです。

1円からでも可能です。

■アマゾンで商品を売る

次に、アマゾンでの出品方法です。とくにアマゾンは、既存の商品ページに相乗りできるのがポイントとなります。

相乗りとは、すでに販売されている商品ページに出品することを指します。新たに商品ページをつくらないで済む分、記載内容を変更できないなどの制約があります。

相乗り商品の出品は簡単です。出品用アカウント「セラーセントラル」にログインし、「在庫管理」から「商品登録」を選びます。

そのうえで、商品の検索欄に商品名やASINを入力し、すでに商品ページがあれば「金額」「商品のコンディション」「コンディション説明」などを入力すれば登録完了です。

ただし、FBAを利用する場合は、別途、手続きが必要です。

FBAを利用するときは、商品が売れてから発送するのではなく、あらかじめアマゾンの倉庫に商品を郵送しなければならないためです。その手順を確認しておきましょう。

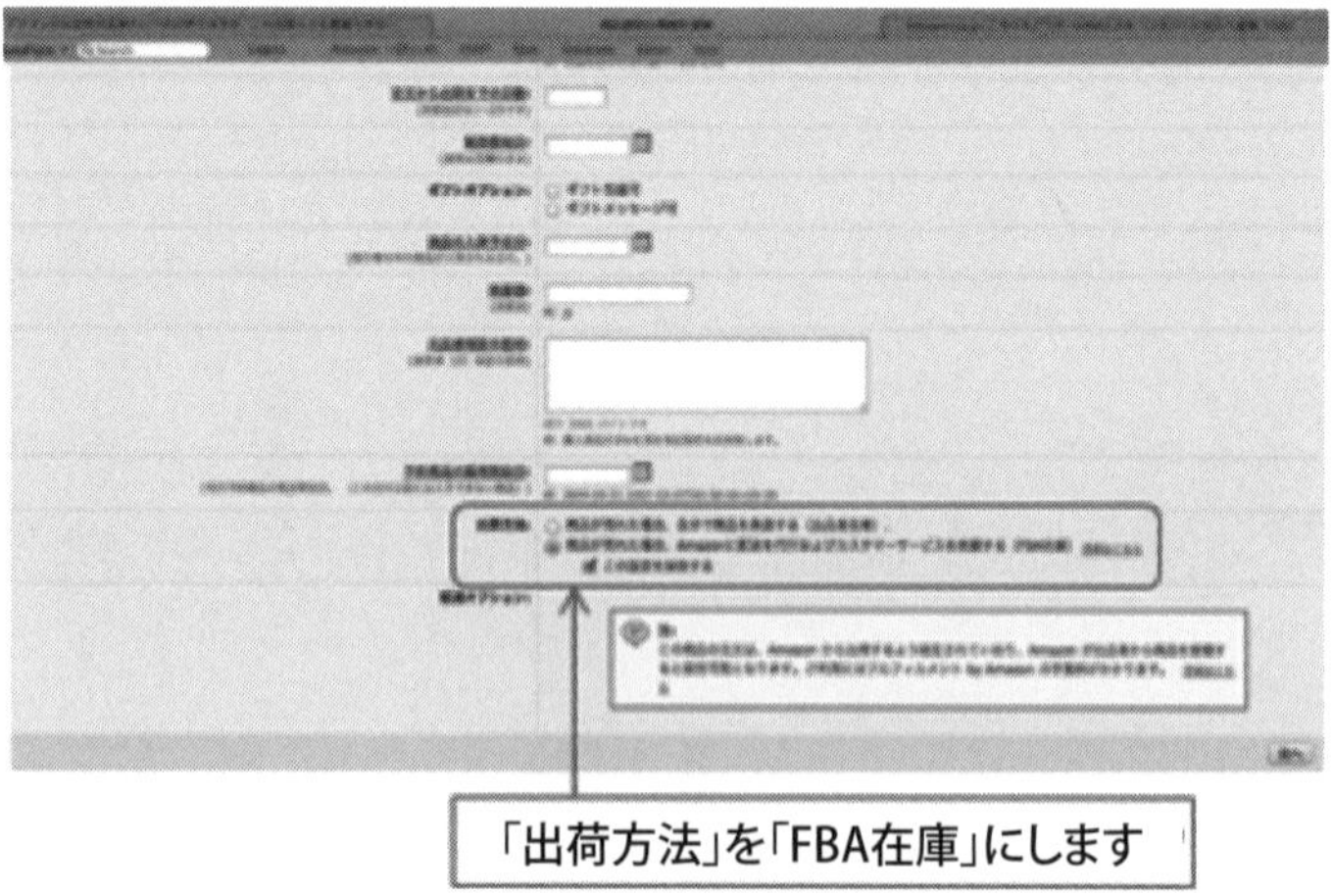

まず、登録画面にある出荷方法を「ＦＢＡ在庫」にして保存し、ＦＢＡ倉庫への「納品手続き」に進みます。

さらに「在庫商品を納品／補充する」を選び、数量を入力してください。

商品を登録したら、ＦＢＡ納品用のラベルを印刷しましょう。

アマゾンでは1回の納品に対して、２種類のラベルが必要になります。

①商品に貼る「商品ラベル」
②梱包した段ボール箱の上に貼る「配送ラベル」

ＦＢＡの納品画面にある「配達ラベルを印刷」を選択し、２つのラベルを印刷して商品に貼ったうえで、郵送しましょう。

納品先の住所は配送ラベルに記載されています。

アマゾンの倉庫に商品が到着すると、おおむね2日ほどで自動的に販売開始となります。

あとは、商品が売れていくたびに、アマゾンが手続きしてくれます。

販売状況等については、セラーセントラルで確認しておきましょう。

ちなみに、これらのラベル作業を代行してくれる業者もあります。代行業者を選ぶ際には、ラベル作業の代行をしてくれるかどうか確認してみましょう。

■アマゾンの「カートボックス」について

アマゾンで相乗りできる理由は、アマゾンが「1商品・1ページ」のルールを設定していることにあります（「カタログ主義」と言います）。

1商品・1ページとは、同一商品の販売業者はすべて同じページで販売するという規定になります。そのため、売れ筋商品に関しては、複数の業者が同じページを利用しています。

その点を逆手にとって、OEMやODMによる商品開発が効果的なのですが、それらの戦略については後述します。

さて、相乗りする際に知っておきたいのが「カートボックス」に関する事項です。カートボックスとは、「カートに入れる」ボタンを押したとき、選ばれる仕組みのことです。

このカートボックスを取得しているかどうかで、相乗り販売の売れ行きは大きく変わります。なぜなら多くの消費者が、カートに入れるボタンから商品を購入しているためです。


では、どうすればカートボックスを獲得することができるのでしょうか。

カートボックスの獲得業者はアマゾンが選定しており、その選定基準は「一定のパフォーマンスに到達している大口出品者」とされています。

具体的な要点として挙げられているのは、「価格」「在庫状況」「配送」「カスタマーサービス」の4つです。

これらの要点をまとめると、次のようなポイントがカートボックス獲得につながるとわかります。

・大口出品者であること
・最安値で販売していること
・セラーの評価が高いこと（最低でも80％）
・FBAもしくはマケプレプライムでの配送に対応して売ること（プライム配送）
・ある程度の在庫があること

・販売実績があること（期間と売上実績）

このうち、とくに重要なのは「最安値」と「プライム配送」への対応です。これらの点をふまえて、カートボックスを獲得できるよう工夫しましょう。

03

売れ行きが鈍ったらヤフオクで売り切る

実際に利用してもらうとわかりますが、アマゾンの集客力と販売力は非常に強力です。年間2兆円とも言われている取引量は、決して伊達ではありません。

ただし、どんなに売れている商品でも、永遠に売れ続けるとは限りません。どこかの段階でブームが去ったり、競合他社が増えたりする可能性があります。

もし、これまで売れていた商品が売れなくなったら、何らかの対策をたてる必要があります。そのまま放置しておくと、不良在庫になりかねないためです。

第1章でも述べているように、不良在庫を抱えてしまうことは、ビジネスの失敗に直結します。できるだけ在庫を抱えず、適切にさばくことを目指してください。

それでも、在庫を抱えてしまった場合には、早急に在庫処分を行いましょう。具体的には、ヤフオクやメルカリを活用し、売れそうな価格帯で販売していきます。

もちろん、「アマゾンだけだと売れ残る可能性がある」「できるだけ早期に売ってしまいたい」などの事情がある場合は、同時並行で出品しても問題ありません。

たとえば、最初にアマゾンに出品し、ヤフオクやメルカリでも同じように出品するというかたちです。

いずれかで売れたら、他のサイトの出品を取り下げましょう。

■ヤフオクで売り切るためのポイント

メルカリの出品については第3章でふれているので、ここでは、とくにヤフオクで売り切るためのポイントを紹介しておきます。

◎ライバルよりも安値で出品する

同じ商品を出品しているライバルが数名いる場合は、オークションの開始価格をライバルよりも安く設定してください。

たとえば、ライバルが2980円で出品していたとしたら、開始価格を2800円に設定し、「即決価格」を２９８０円にするのです。

そのように価格を設定しておけば、購入を検討している人に「どうせ同じなら、即決価格の２９８０円で購入してしまおう」という心理が働きます。

◎注目のオークションを使う

「注目のオークション」というオプションがあります。非常に強力なオプションなので、どうしても売り切りたいときには使用しましょう。

※注目のオークション
http://special.auctions.yahoo.co.jp/html/option/featured/

コツとしては、残り時間が24時間を切った段階で使うことです。金額は１円単位で設定できますが、高額なほど上位表示されます。

そのカテゴリで「最上位」に表示されるように、最も高い金額を入れるようにしてください。そうすれば、検索結果の一番上に表示されます。

その他にも、

・終了時間は21時〜23時の間に設定する
・1つのジャンルではなく、いろいろなジャンルに出品する
・自動出品ツールを使う（オークタウンなど）

といったテクニックがあります。

基本的に、ヤフオクで出品するときは、どうしても売り切りたいときです。そのような場合を見越して、積極的に売れる方法を試してみてください。

アマゾンだけでなく、ヤフオクやメルカリで売り切れるようになれば、在庫を効率的に処分できるようになります。

04

1日12個売れば月収30万円

第3章のメルカリでも計算しましたが、ここでは、アマゾンやヤフオクを利用した場合のシミュレーションも行ってみましょう。

目標としては、1か月あたり「80〜100万円」の売上が目安となります。

メルカリのときに設定した目標額の3倍ですが、コツをつかめば、それほど苦労することなく実現できます。

たとえば過去、実際に売れ筋商品であった「エルボーパッド（ニーパッド）」を例にして試算してみましょう。

この商品は当時、アマゾンで1830円でした。つまり、90万円売り上げるには、1か月あたりこの商品を492個売ればいいことになります。

1日あたり16個販売する計算です。

この商品のみ取り扱う場合だと、それだけの販売個数が必要となりますが、たとえば2000円の商品であれば450個、3000円の商品であれば300個で済みます。

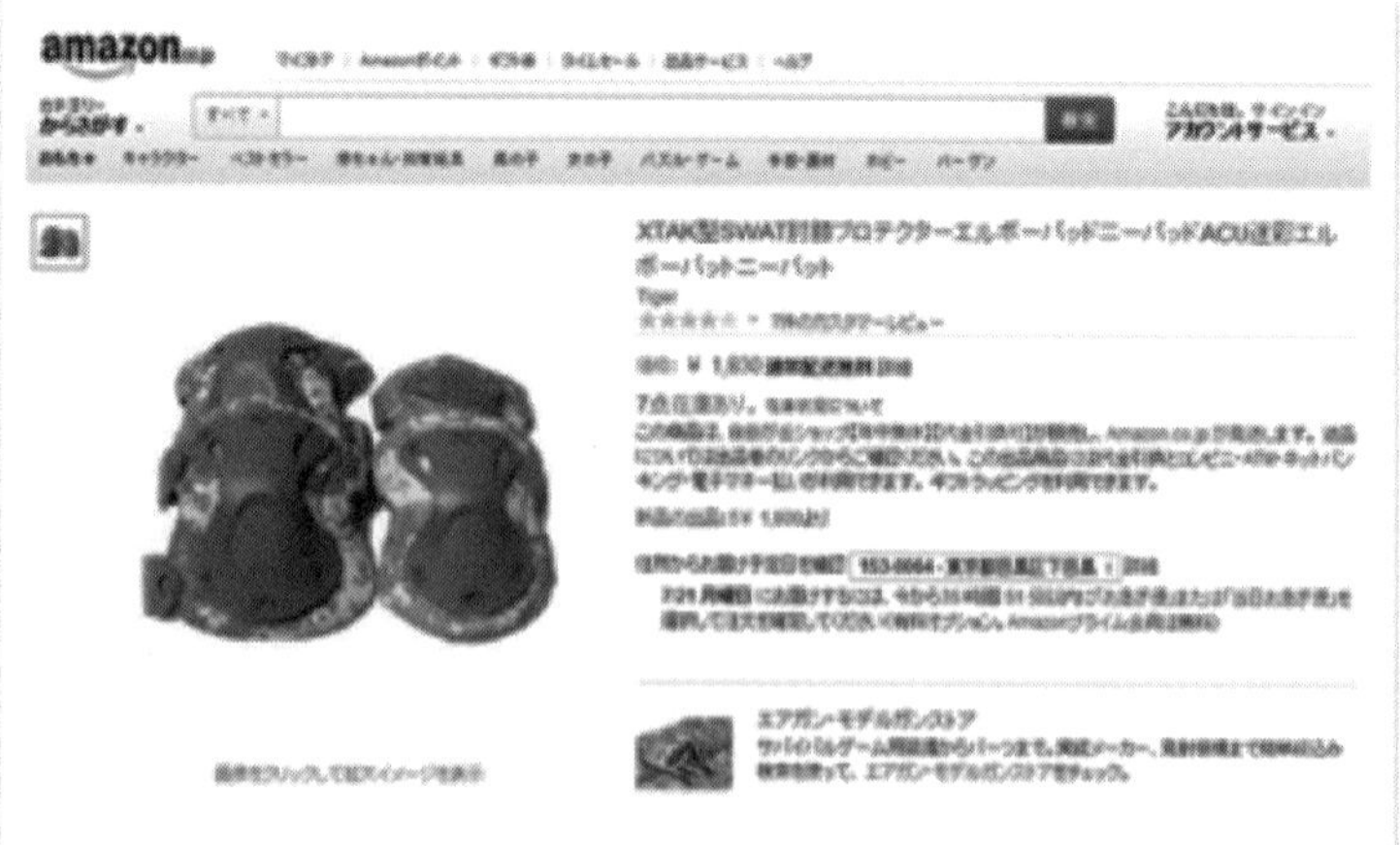

３００個ということは、１日あたり10個売れれば、月収90万円達成です。

実際にはエルボーパッド（ニーパッド）だけではありません。10種類の商品を扱えば１日各１個の販売で達成できます。

いかがでしょうか。決してむずかしい水準ではないとわかります。

価格と販売個数のバランスについては、実践しながら、最適解を見極めていくといいでしょう。

■30万円の〝純利益〟を達成するには

右記の計算は、あくまでも売上をベースにした試算でした。

ここで、得られる収入をイメージしてもらうために、粗利についても計算してみましょう。同じく、「エルボーパッド（ニーパッド）」を例にとり

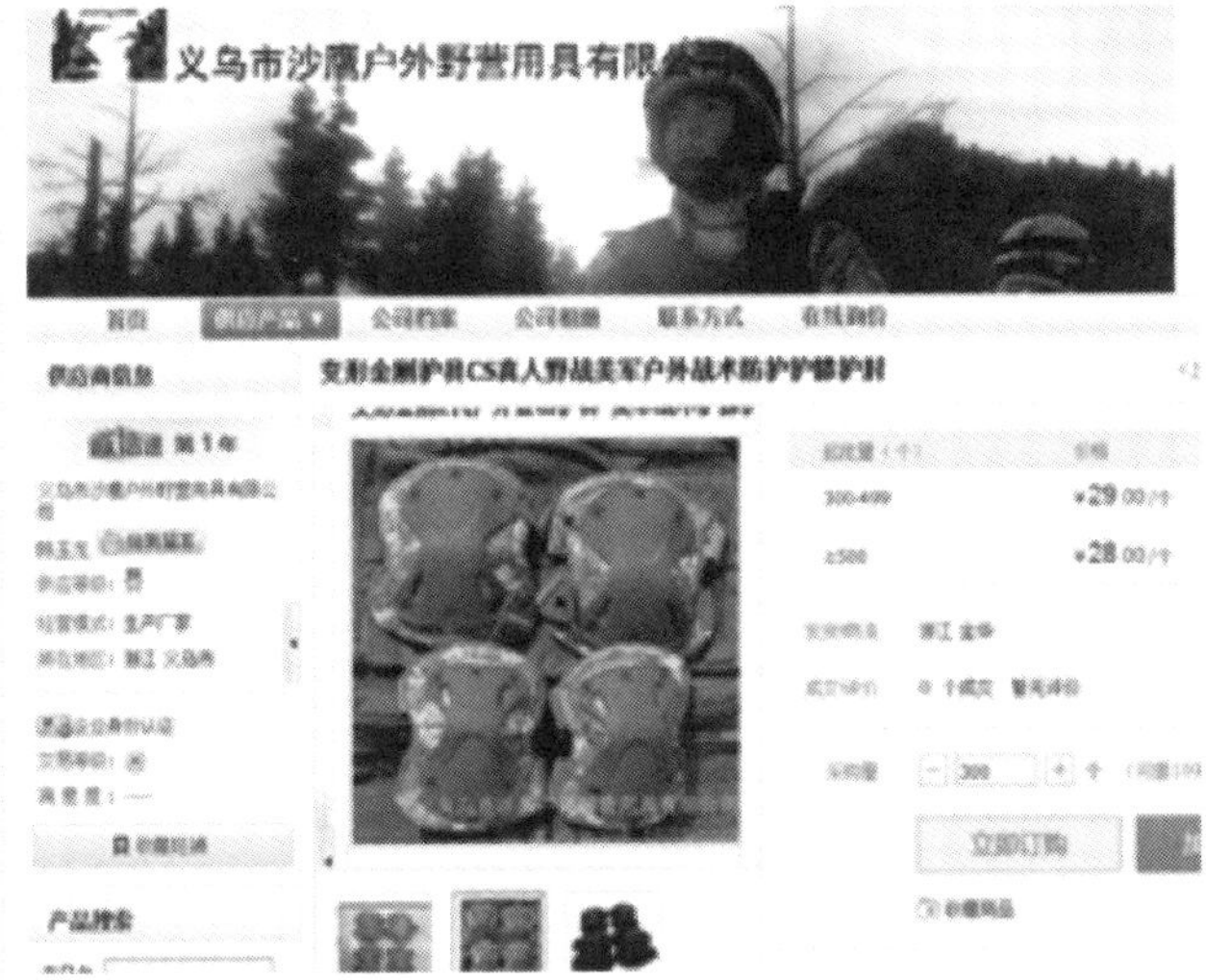

アリババの販売ページ

ます。

こちらの商品ですと、当時の仕入れ原価はタオバオで29元でした。1元あたり18円換算で計算すると、元値は522円となります。

つまり、1個あたりの粗利は、「1830円－522円＝1308円」という計算です。粗利益率は実に7割近くになるのです。

アマゾン手数料を引いた純利益は約600円です。つまり同じような価格帯の商品を月に500個売ると、月収30万円です。それは、1日1～2個売れる物を10種類やれば達成できます。

より正確に計算したい場合は、本章で紹介した「仕入ジャッジシート」でシミュレーションをしてみてください。

念のために付言しておくと、価格の制約

さえなければ、どんな商品でも売れ残ることはありません。その点、月商90万円というのは、1つの目安にしておきましょう。

というのも、「絶対に月商90万円達成するまで値下げしない！」と考えてしまうと、柔軟な価格設定ができなくなってしまいます。ときには、値下げすることも必要です。

とくに、中国輸入ビジネスをはじめたばかりのときは、売れにくい商品を仕入れてしまうこともあるでしょう。そのような場合には、価格を下げるという選択肢を除外せず、売り切るようにしてください。

第5章

オリジナル商品で月収50万円!

01 あなただけが売れる、オリジナル商品とは？

前章までは、メルカリ、ヤフオク、アマゾンで商品を販売する方法とその流れについて紹介しました。目標金額としては、月収30万円に設定しています。

そしていよいよ、本章からは、月収50万円を目指していきます。そのために必要なのは、あなただけの〝オリジナル商品〟をつくり、アマゾンで販売することです。

ここでのオリジナル商品とは、既存の商品に手を加えて販売することを指します。そうすることで、自分だけが売る商品を手掛けることができ、競争を避けられます。

このような商品のことを「OEM（Original Equipment Manufacturing）といいます。

もともとOEMは、「委託者のブランドで製品を生産すること」を指す言葉です。ただ本書においては、「既製品にオリジナリティを加えること」と理解しておいてください。

オリジナリティを加えるといっても、むずかしく考える必要はありません。詳しくは後述しますが、既存の商品に使われている箱やパッケージを変えたり、ロゴを入れたりするだけです。

それだけでも、販売されている商品としては、オリジナリティが加えられていることになります。アマゾンの仕組みでいうと、「新しいページをつくれる」ということです。

新しいページをつくれれば、より有利にビジネスを進めていくことができます。

■なぜOEMが必要なのか？

では、なぜOEMが必要なのでしょうか。その理由は、同じような手法で輸入ビジネスを行っているライバルとの競争を、できるだけ〝避ける〟ためです。

メルカリやヤフオクでの出品もそうですが、同じ商品を扱う以上、競争に〝勝つ〟ためには価格競争をするしかありません。品物が同じなので当然です。

前章で紹介した「カートボックス」の話を思い出してください。カートボックスを取得するための主要な条件は、「大口出品」「最安値」「プライム配送」の3つでした。

このうち、大口出品とプライム配送は準備すればいいだけですが、最安値をクリアするには、自ら価格を下げるしかありません。

つまり、価格競争せざるを得ないということです。

そこで、競争に〝勝つ〟方法として価格競争を仕掛ける人もいるのですが、価格競争をすると利益が少なくなります。その結果、採算がとれにくくなってしまうのです。

すでに述べているように、価格競争によって勝ち抜けるのは、戦略的に薄利多売ができる業者に限られます。具体的には体力がある（資金力がある）業者です。

ただ、個人で輸入ビジネスを行う人の場合、使用できる資金には自ずと限界があります。そのため、価格競争をすること自体、得策ではないのです。

だからこそ、競争に〝勝つ〟のではなく、競争を〝避ける〟戦略が必要となるわけです。

ＯＥＭはまさに、競争を避けるための最適な手法です。

まずは簡易的なＯＥＭによって、オリジナル商品づくりをはじめていきましょう。

02 自分だけのJANコードを発行しよう（GS1企業コードの申請）

オリジナル商品をつくり、その商品をアマゾンに登録する際に必要なのが「ＪＡＮ（ジャン）コード」です。買い物をするとき、バーコードで読み取るおなじみの表示です。

そもそもＪＡＮコードは欧州のＥＡＮコードをもとにつくられ、それぞれ互換性があるため、ＪＡＮコードを取れば世界中で流通させることができます。

ちなみに、アマゾン内では「ＥＡＮコード」とも表記されています。

ＪＡＮコードを付ける手順は次のとおりです。

①ＧＳ１事業者コードの新規登録をする

ＧＳ１事業者コードとは、ＪＡＮコードをはじめとする国際標準の識別コード（ＧＳ１識別コード）を設定するために、必要な番号となります。

ＧＳ１事業者コードの新規登録は、一般財団法人流通システム開発センターのホームページから行えます。

◎新規登録手続き
http://www.dsri.jp/jan/jan_apply.html

②３年分の登録料を振り込む

登録には所定の「登録料」が必要です。年商10億円未満の方であれば、１６５００円（３年分）となります。

◎新規登録申請料（２０１９年10月１日〜）
https://www.dsri.jp/jan/pdf/GS1_a1_kaitei2019.pdf

完了後、１週間ほどで企業コードが届きます。企業と書いてありますが、個人でも申請可能です。一度登録すると３年間有効で、更新時期になると郵送で連絡がきます。

ＪＡＮコードがなくても新規での登録はできるのですが、その都度、アマゾンに申請しなくてはいけません。そのため、非常に手間がかかります。

ＪＡＮコードの取得は「オリジナル商品を開発しているメーカーである」との認知にもつながるため、発行できるようにしておいたほうがいいでしょう。

なお、ＪＡＮコードは「１商品・１コード」が鉄則です。複数の商品に同じコードを割り当ててはいけません。色やサイズが異なれば、それぞれ違う番号を割り当ててください。

ＪＡＮコードを割り当てたら、忘れないようにエクセルなどで管理しておきましょう。

ちなみにＪＡＮコードは、最初の９桁が企業コード、真ん中の３桁が商品番号、最後の１桁がチェックデジットという自動的に計算される数字です。

商品番号として使えるのは真ん中の３桁のみなので、「０００」から「９９９」までの

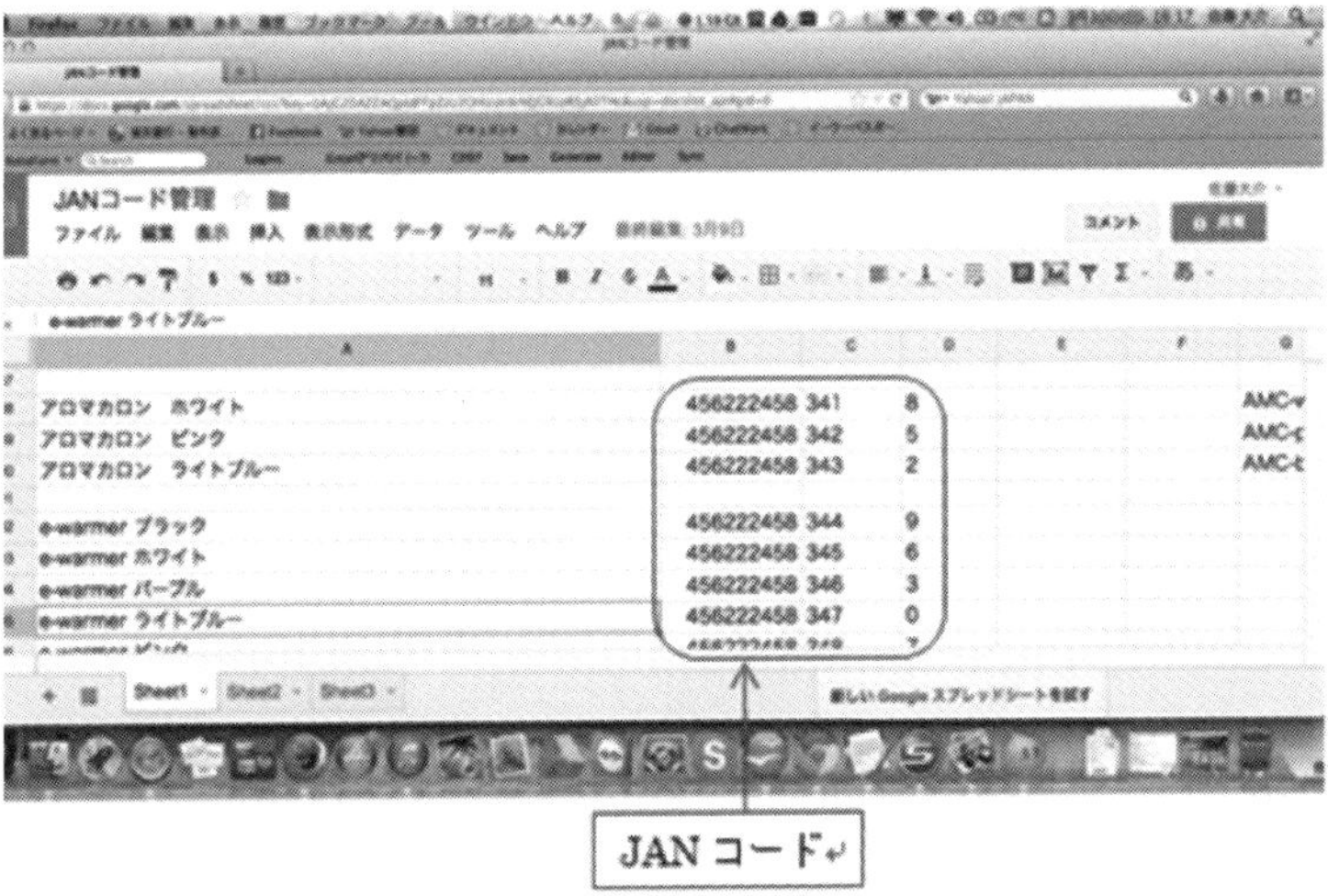

1000個の番号が、商品に使用できます。不足することはまずありません。

その他、わからないことがあれば、一般財団法人流通システム開発センターが発行している「はじめてのバーコードガイド」をチェックしてみましょう。

◎はじめてのバーコードガイド

http://www.dsri.jp/jan/hajimete_barcode_guide.html

03

新規商品を登録する際の流れ

JANコードを取得できたら、アマゾンに商品を登録していきましょう。セラーセントラルから、「商品を新規登録」に進みます。

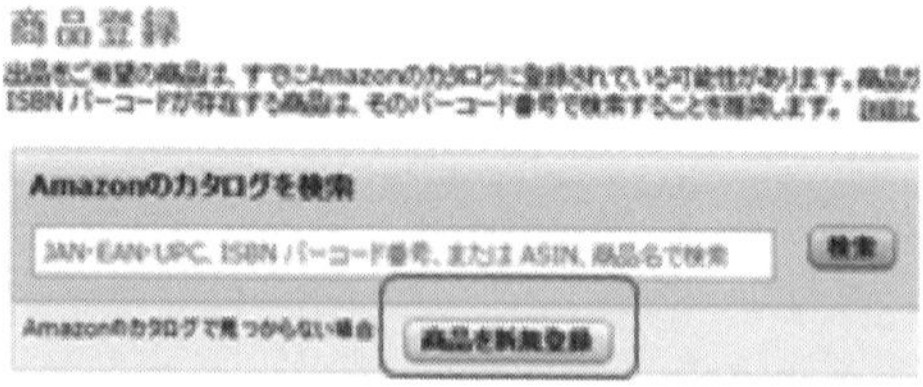

すでにある商品に相乗りする場合は、「出品情報」から商品を検索して登録していました。一方で、商品を新規で登録する場合は、「重要情報」から登録します。

そもそもアマゾンには、「1商品につき、1つの商品ページしか作成できない」というルールがあります。これは、メルカリやヤフオクとは大きく異なる点です。

そのため、既存の商品に相乗りする場合は、商品ページを検索して登録するのに対し、存在していない商品を登録する場合は、新たにページを作成する必要があります。

この規約に反すると、出品権限が一時的に停止されたり、取り消さ

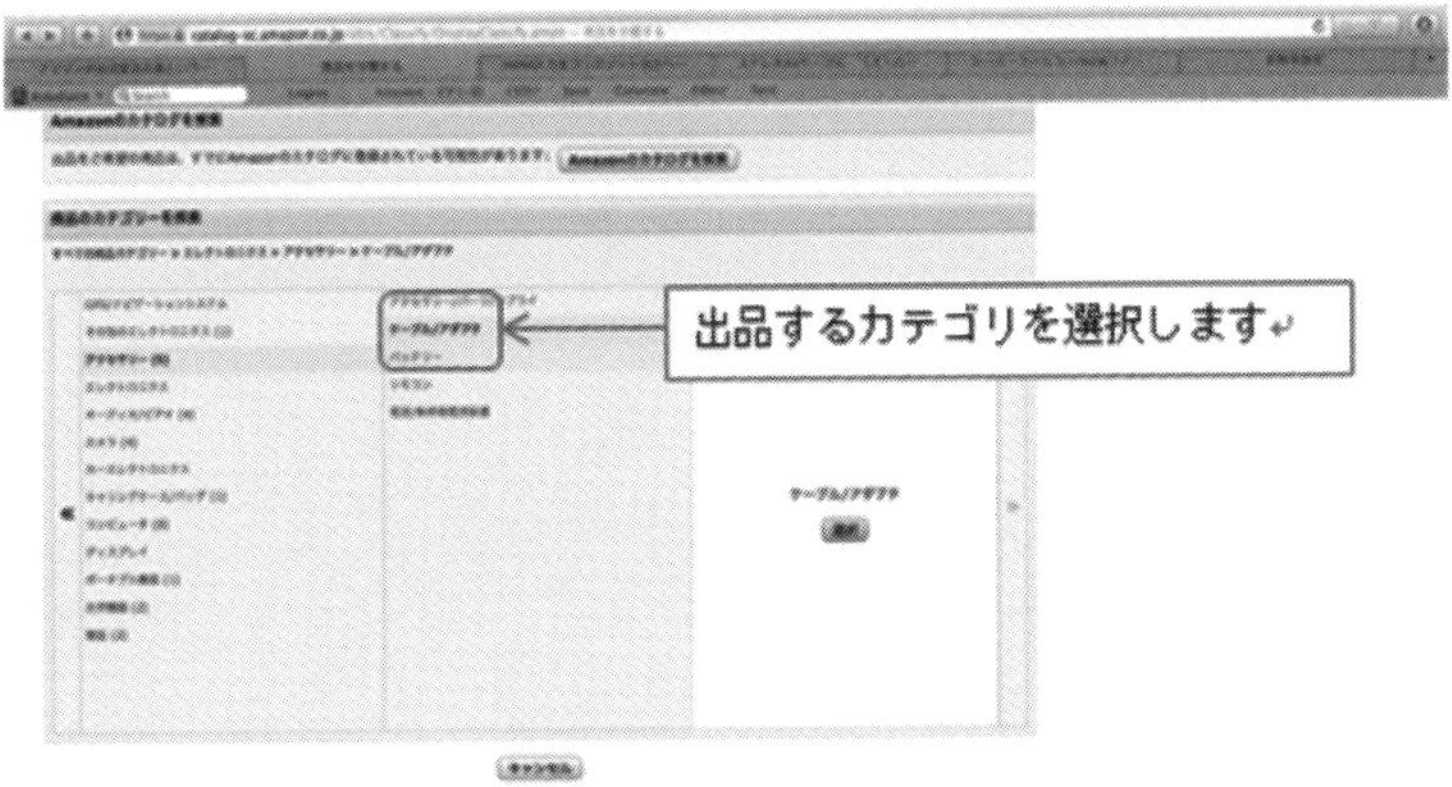
出品するカテゴリを選択します

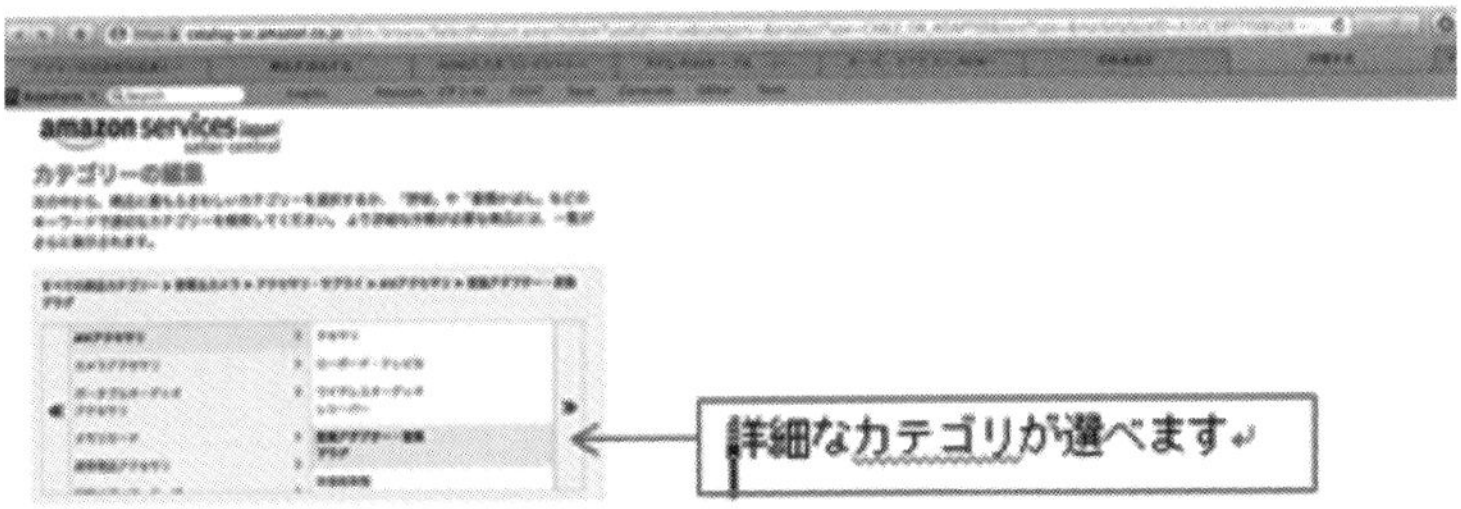
詳細なカテゴリが選べます

れたりする場合があります。規約違反にならないよう、相乗りと新規出品を区別しておきましょう。

　OEMなどのオリジナル商品を取り扱い、新規で商品ページをつくって販売していくとわかりますが、新規出品でつくったページが後の財産となります。

　なぜなら、相乗り時のように他社と競うことなく、自分の商品を販売できるからです。ただし、他社に相乗りされる可能性があるため、その対策については後述します。

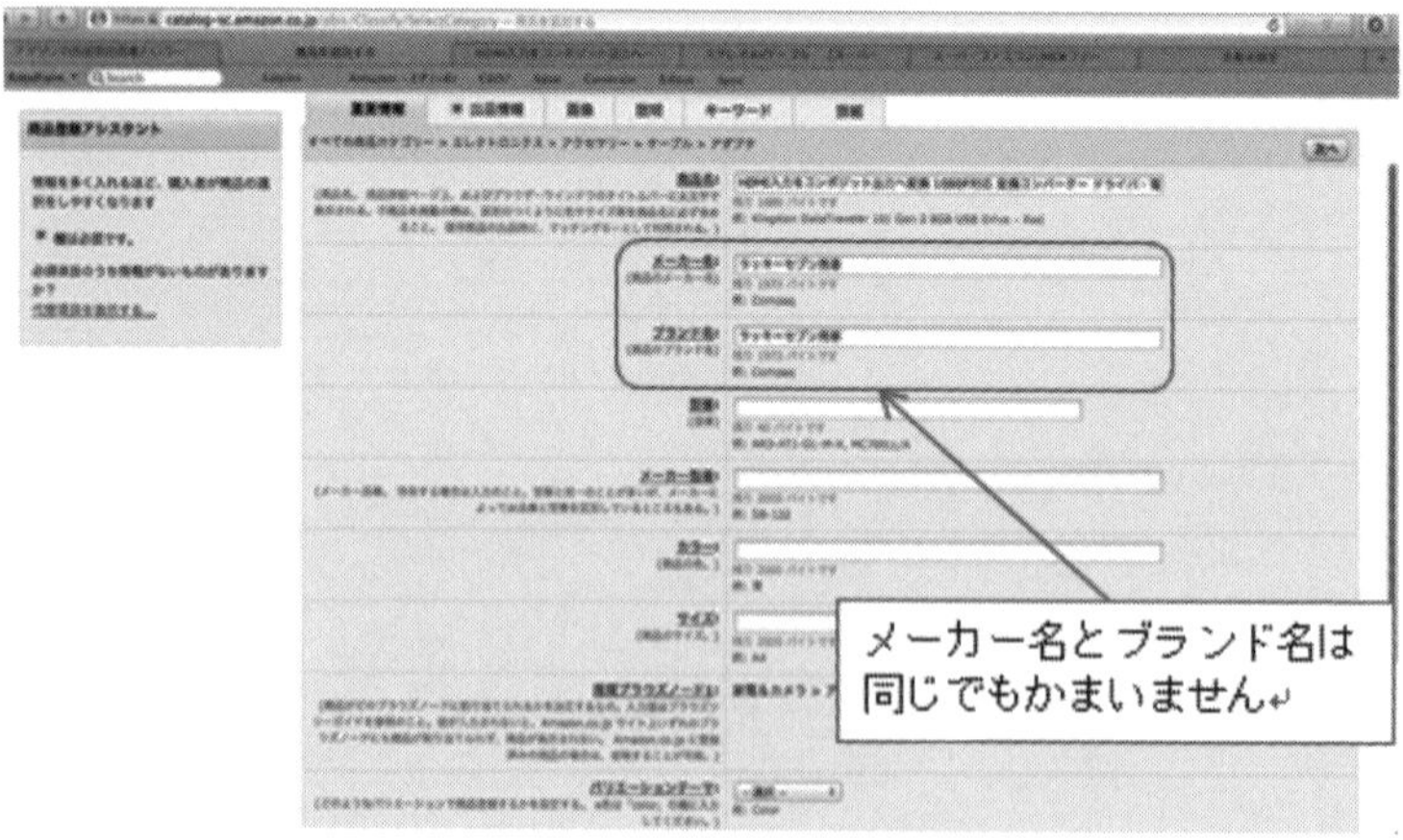
メーカー名とブランド名は
同じでもかまいません

さて、新規で商品を登録するには、最初に出品するカテゴリーを選択します。細かく分類されているので、既存の商品を参考にしつつ、最適なものを選びましょう。

さらに、「商品名」「メーカー名」「ブランド名」なども登録していきます。メーカー名とブランド名」は同じでも構いません（上の画像を参照）。

次に、取得したＪＡＮコードも記入しましょう。「ＪＡＮ／ＥＡＮまたはＵＰＣ」のところに、自分の登録したＪＡＮコードを入れます（次ページ上の画像）。

そして、「画像」タブから画像をアップロードしてください。商品画像は自分で撮影するのがベストですが、なければタオバオやアリババのもの

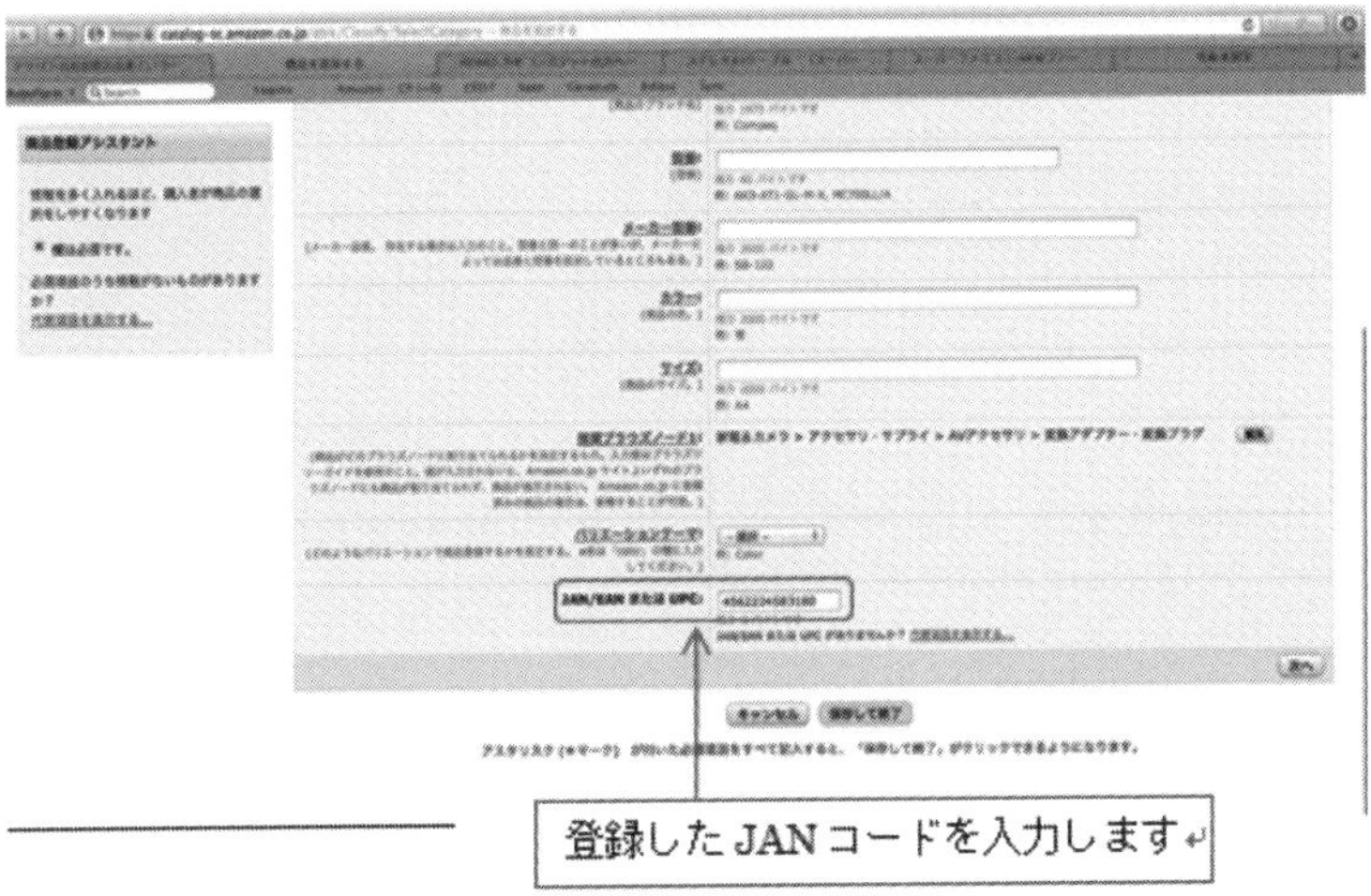
登録したJANコードを入力します

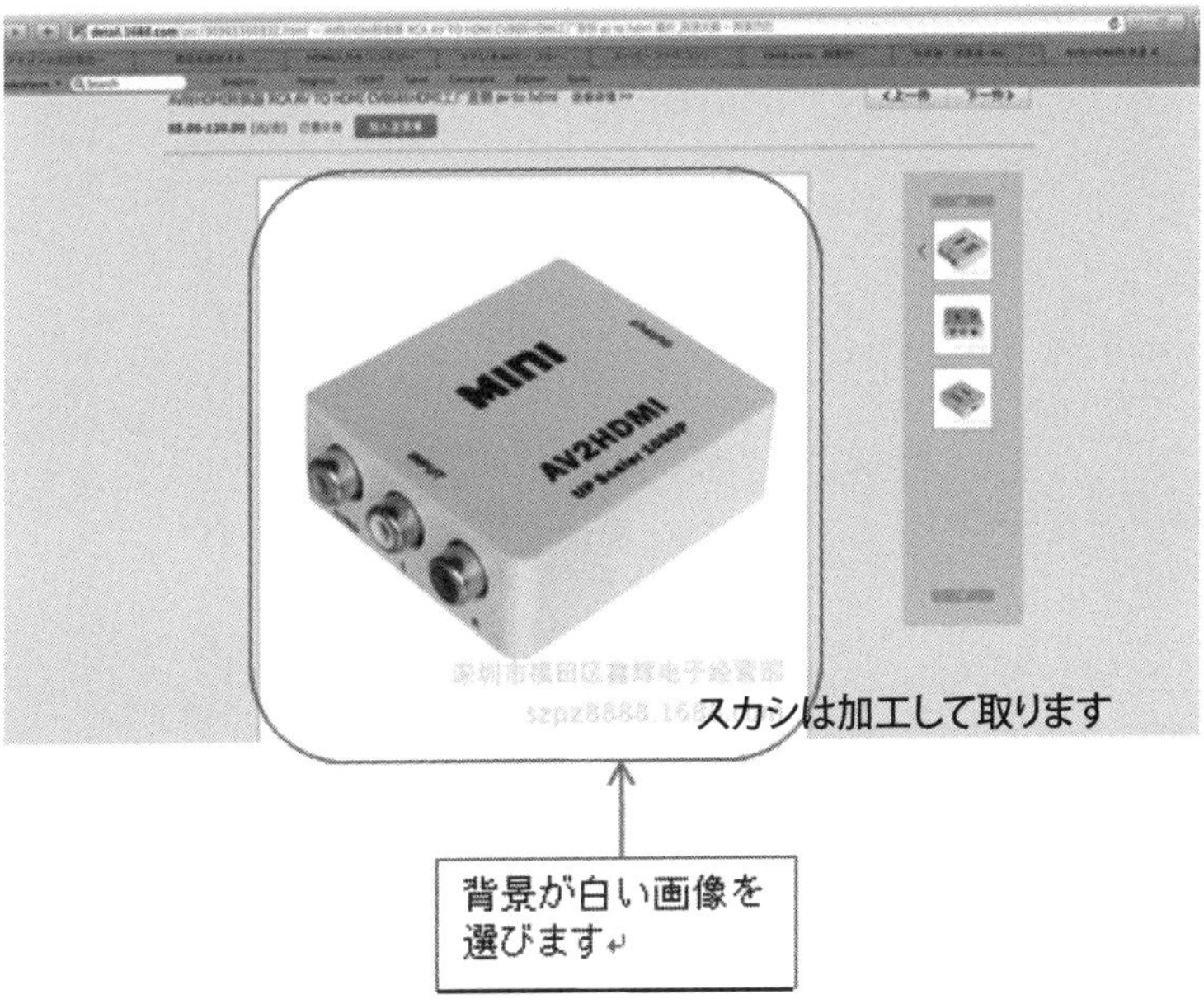
MINI
AV2HDMI
スカシは加工して取ります
背景が白い画像を
選びます

を使用しましょう。

画像の背景は〝白抜き〟が基本です。アマゾンのルールでは、1枚目の写真の背景は白に固定されており、2枚目以降は自由となっています。

また、画像の大きさは「長辺最低500ピクセル以上」が必要となるので、あらかじめ注意しておきましょう（前ページ下の画像）。

次に、「説明」タブから商品の説明文を入力します。類似商品があれば、それを参考に作成しておきましょう。「商品説明の箇条書き」も同様です（次ページを参照）。

「検索キーワード」は、ユーザーがどんなキーワードで検索しているのか想像しつつ、イメージでヒットしそうなキーワードを入れます。「プラチナキーワード」は設定しなくてもOKです。

最後に登録ボタンを押して、登録完了となります。その後の手続きについては、アマゾンFBAの出品と同様です。

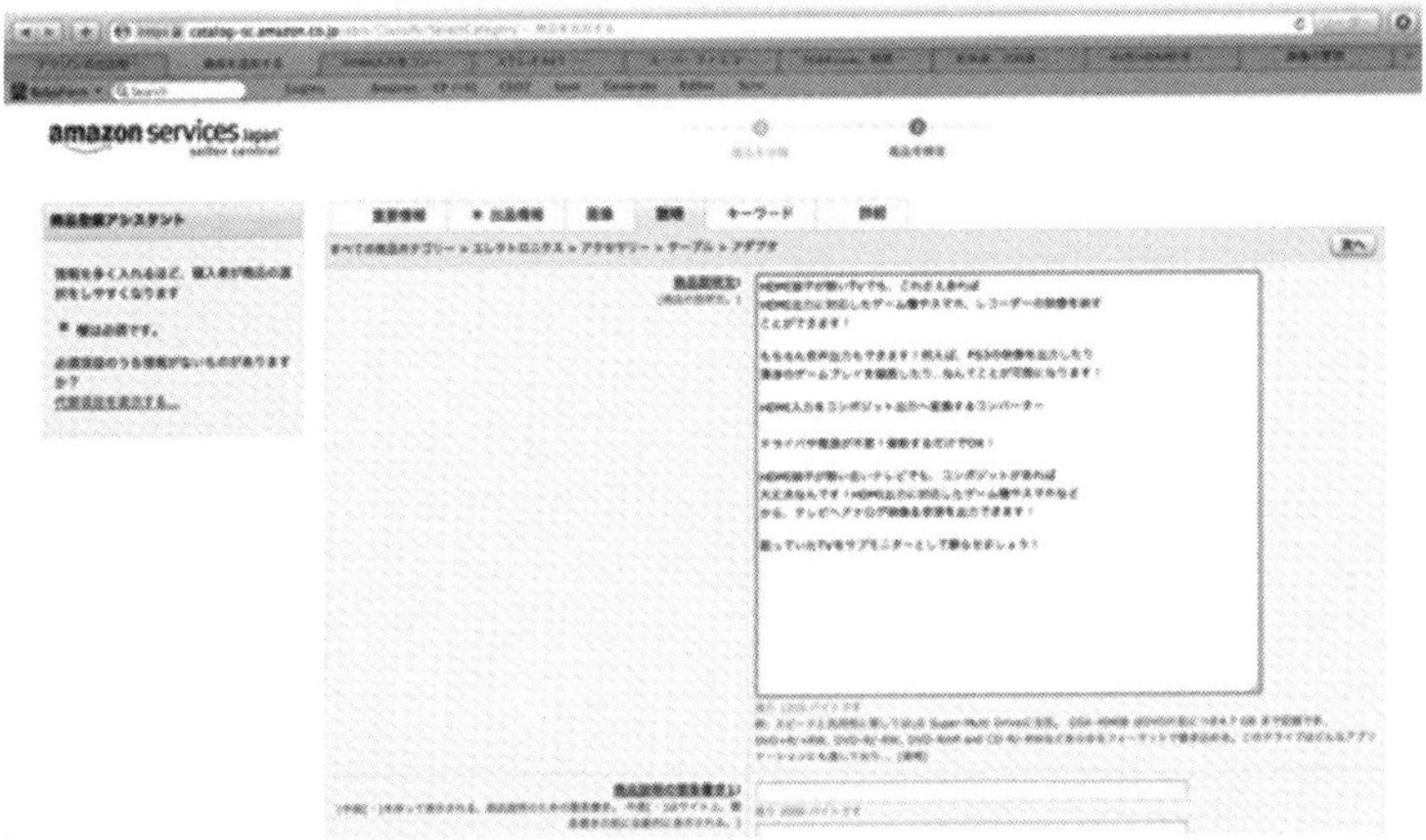

04 相乗り対策になる3つの工夫

アマゾンに新規で商品を登録すると、作成されたページは自分のオリジナル商品を販売できるページとなります。その結果、販売個数や収益も拡大していきます。

ただし、既存の商品をアマゾンで販売したときのように、他社が相乗りしてくる可能性があります。それを予防するために、いくつかの工夫をしていきましょう。

対策としては、「①箱の作成」「②パッケージの作成」「③ロゴ入れ」の3つが挙げられます。

その具体的な中身について見ていきましょう。

①箱の作成

商品本体（中身）は同じでも、箱が違えばオリジナル商品として登録することができます。既存の商品を仕入れ、新たに箱をつくって詰め替えましょう。

箱をつくる手順は次のとおりです。

【手順1】印刷用のデータをつくる

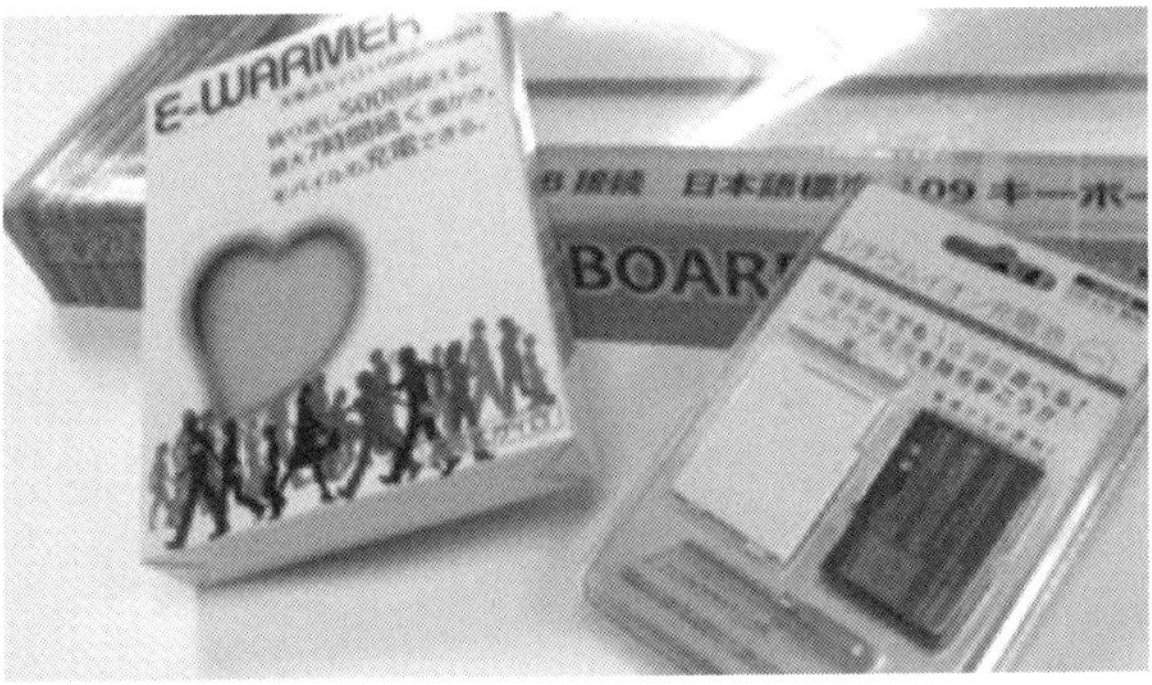

データはアドビ社の「イラストレーター」などでつくるのが一般的です。複雑なデザインは必要ありませんが、自分でつくれない場合は、外部のデザイナーに外注しましょう。

外注は「ランサーズ」や「クラウドワークス」などのクラウドソーシングサイトがオススメです。コンペ形式で、複数の候補から最適なものを選ぶこともできます。

◎ランサーズ
https://www.lancers.jp/

◎クラウドワークス
https://crowdworks.jp

【手順2】データを中国で印刷する

次に、作成したデータを印刷します。自分で箱を購入して印刷してもいいですが、代行業者などに依頼すると作業の手間が省けます。

ただし、中国の商品を仕入れる工場にデータを渡すようなことはしないでください。勝手にデータを借用して、自分たちで商品を売ってしまうケースがあるためです。

そうならないよう代行業者に依頼して、別の印刷工場で作るようにしましょう。

サイズにもよりますが、５００個作成で「@２元」前後が相場となります。

【手順3】商品を詰め替える

箱が完成したら、作成した箱に商品を詰めていきます。印刷だけでなく、商品の詰め替えも代行業者に依頼できる場合があるので確認しましょう。

いずれにしても、箱詰めのような単純作業は、人件費が安い中国で行ったほうがいいでしょう。

②パッケージの作成

箱をつくるよりさらに簡単なのがパッケージです。パッケージといっても、立派なものを用意する必要はありません。いわゆる「ペラ紙パッケージ」で十分です。

つくり方としては、商品サイズ程度の大きさで原稿を用意し、カラーで印刷します。単価は中国であれば、100枚プリントして「@1元」前後です。

あとは、印刷した用紙をOPP袋（ビニール袋）に入れれば、オリジナル商品の完成です。非常に簡単です。

③ロゴ入れ

最後に、「ロゴ入れ」についてもふれておきましょう。

ロゴ入れは、箱やパッケージよりもハードルが高く、他社に追随されにくいのが特徴です。ロゴを入れる際には、商品の出品者（工場）に確認してみましょう。

とくに中国の工場では、ＯＥＭを前提にしているところが多く、商品にロゴを入れるなどの作業はごく一般的に行われています。ただし、最小ロットが多めになります。価格も含め、交渉してみましょう。

また、ロゴ入れよりも簡単なのがブランドタグの付け替えです。オリジナルのタグを外し、自社のタグを付けるだけでオリジナル商品になります。

タグの付け替えについても、対応できるかどうか出品者に確認してみることをオススメします。ロゴ入れ、タグ付け替えは、工場が対応していなくても、代行会社によっては作業してくれます。

05 ＰＤＣＡを回して売れるページにしよう！

ＯＥＭ商品をつくって新規商品を登録しつつ、他社の相乗り対策を施していけば、中国輸入ビジネスは一気に加速していきます。

あとは、作成したページをより売れるページへと成長させていくために、「ＰＤＣＡサイクル」を回していきましょう。

PDCAとは、「Plan（計画）」「Do（実行）」「Check（評価）」「Action（改善）」のことです。ビジネスの改善手法として広く知られています。

収益をより大きくしていくには、つくったページをそのままにしておくのではなく、PDCAサイクルを回して、より良いものに改善していくことが必要です。

もちろん、新規で登録した商品の場合、カートボックスを必ず獲得できるため、いかにカートを取得するのかは考えなくてもいいでしょう（相乗りされない限り）。

そこで、ここでの改善は、主に「セッション数（訪問数）を上げること」に注力してください。セッション数を上げるための具体的な戦術は、次のとおりです。

①「商品名（＝タイトル）」にこだわる

アマゾンの出品ページでは、次のような商品名のルールが定められています。

【ブランド名】【商品名】【仕様／色・サイズ・タイプ等】【型番】

まずは、このルールを踏襲するのが基本です。ただ、ルールを守っただけで上位表示されるわけではなく、また、ルールを無視した商品がたくさんあるのも事実です。

セッション数を上げるという観点で考えると、商品名で重要なのは「見やすく」「わかりやすいこと」でしょう。この2点が、表示順位を左右します。

そこで商品名は、「その商品を呼称するときに使われる一般名詞」を使うようにしてください。独自の商品名を考案する必要はありません。

加えて、商品の特徴も追記しましょう。アマゾンで商品検索バーに表示される「ペアで検索されるキーワード」を参考にして、仕様に関する情報を書き加えます。

このときに重要なのが「サジェスト（補助）ワード」です。たとえば「衣類圧縮袋」であれば、「旅行」「Lサイズ」「リムーブエアー」などのワードと一緒に検索されているため、これらも商品名に入れていきます。

衣類圧縮袋　旅行用　Lサイズ　リムーブエアー

あとは、セッション数の変化をチェックしつつ、改善をくり返していきましょう。

②セール価格を設定する

アマゾンで商品一覧を検索したとき、画像に「お得」という帯がかかっている商品を見

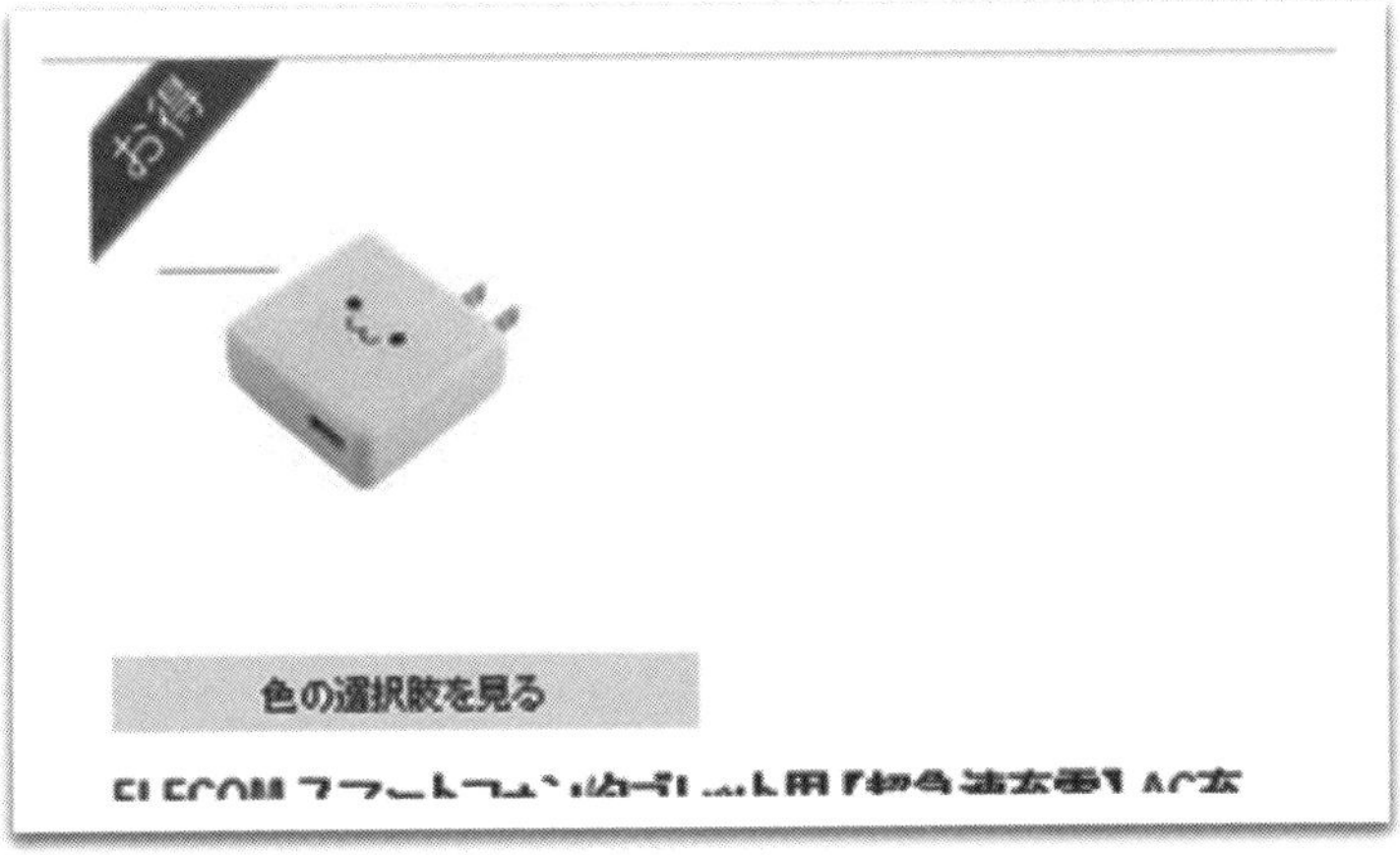
お得
色の選択肢を見る

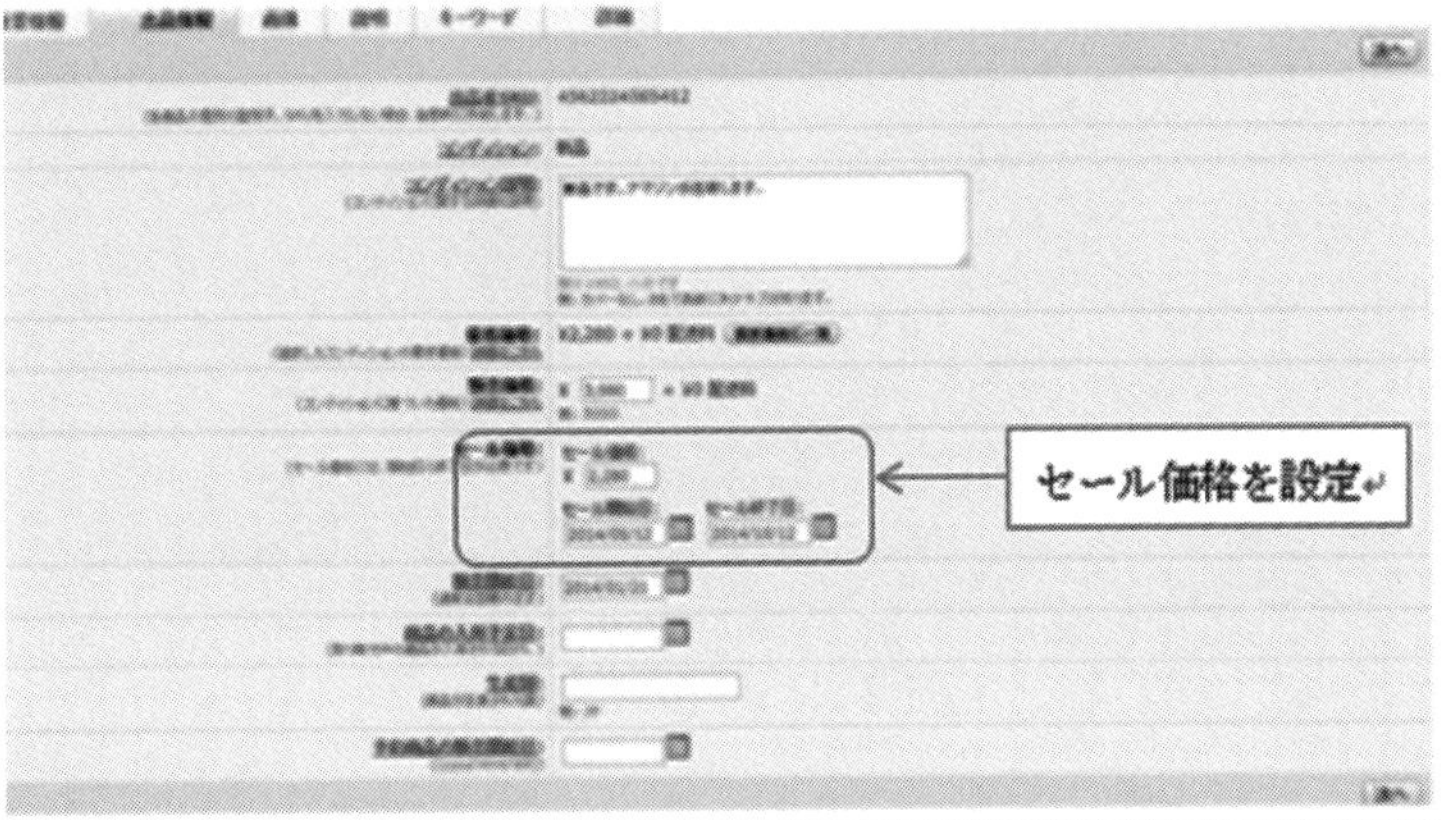
セール価格を設定

かけたことがあるかと思います。これは、どのような商品かご存知でしょうか（前ページの上の画像を参照）。

実はこのお得マーク、値引率が50％以上の商品で、かつ、販売実績のある商品に付けられています。注目度が上がるうえに、選ばれやすくなるためぜひ活用しましょう。

設定は「出品情報（在庫管理）」欄で行います。価格を設定するとき、次のようにしてください。

・販売価格→本来売りたい価格（実際に売れそうな価格）
・セール価格→アマゾン内最安値（前ページ下の画像を参照）

あとは、セール開始日とセール終了日を設定しておけば、任意の期間でセール価格での販売が行えます。

商品名と同様に、セール価格での販売動向をチェックしつつ、工夫してみましょう。

③セラー広告を使う

費用がかかるので上級者向けのテクニックにはなりますが、「セラー広告」を使って露

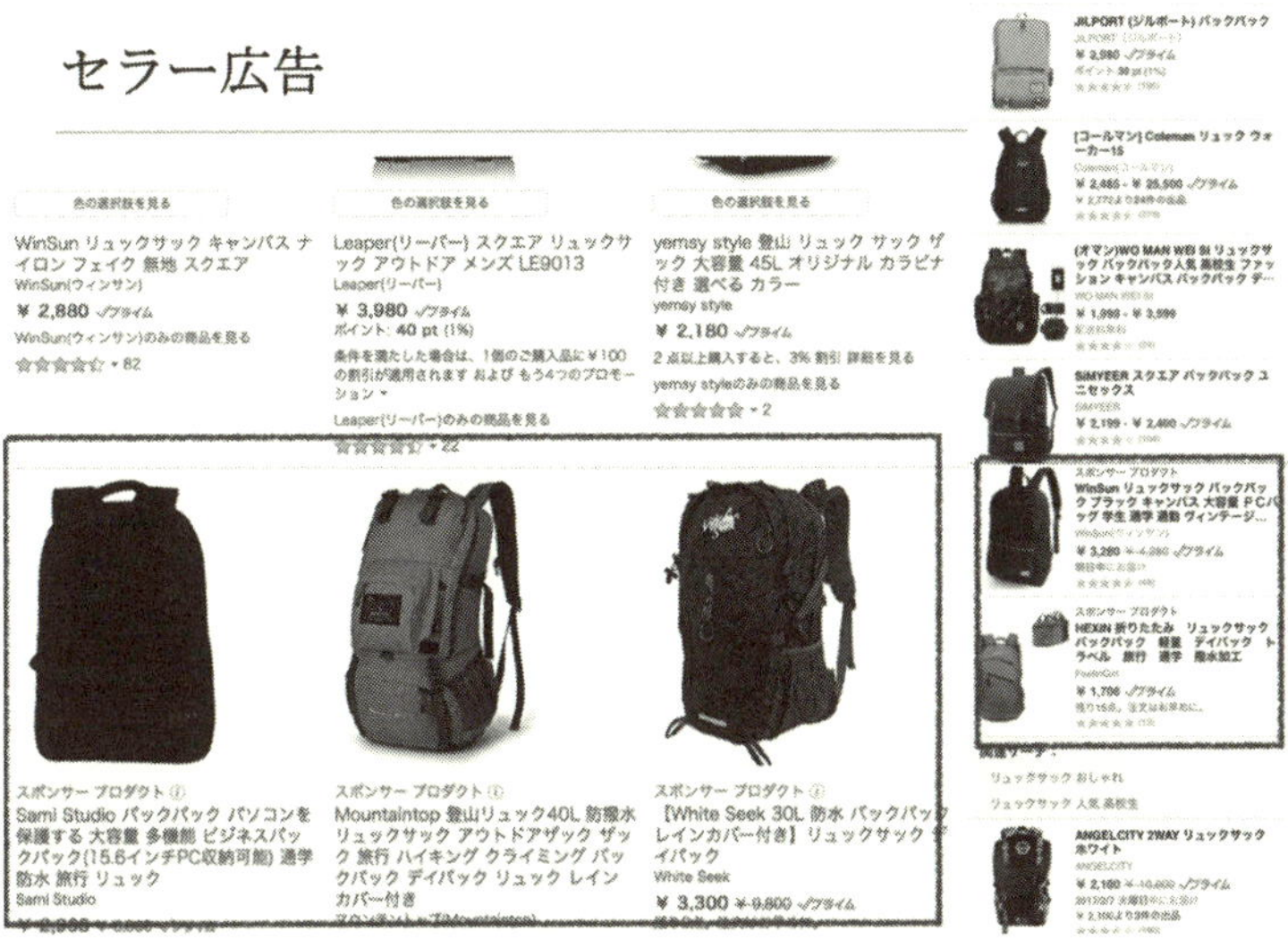

出を増やす方法もあります。

セラー広告は、アマゾン内での検索結果に表示される広告です。クリックされるたびに課金されます（上の画像を参照）。

設定方法は簡単です。セラーセントラルの「広告」メニューから、「キャンペーンの作成」→「広告グループの作成」に進めば設定できます（次ページの画像を参照）。

キャンペーンの設定では、1日あたりの予算を決めます。あとから変更可能なので、とりあえず1000円にしておけばいいでしょう。

ターゲティングについては、「オートターゲティング」からはじめてみてください。

慣れてきたら「マニュアル」でターゲット

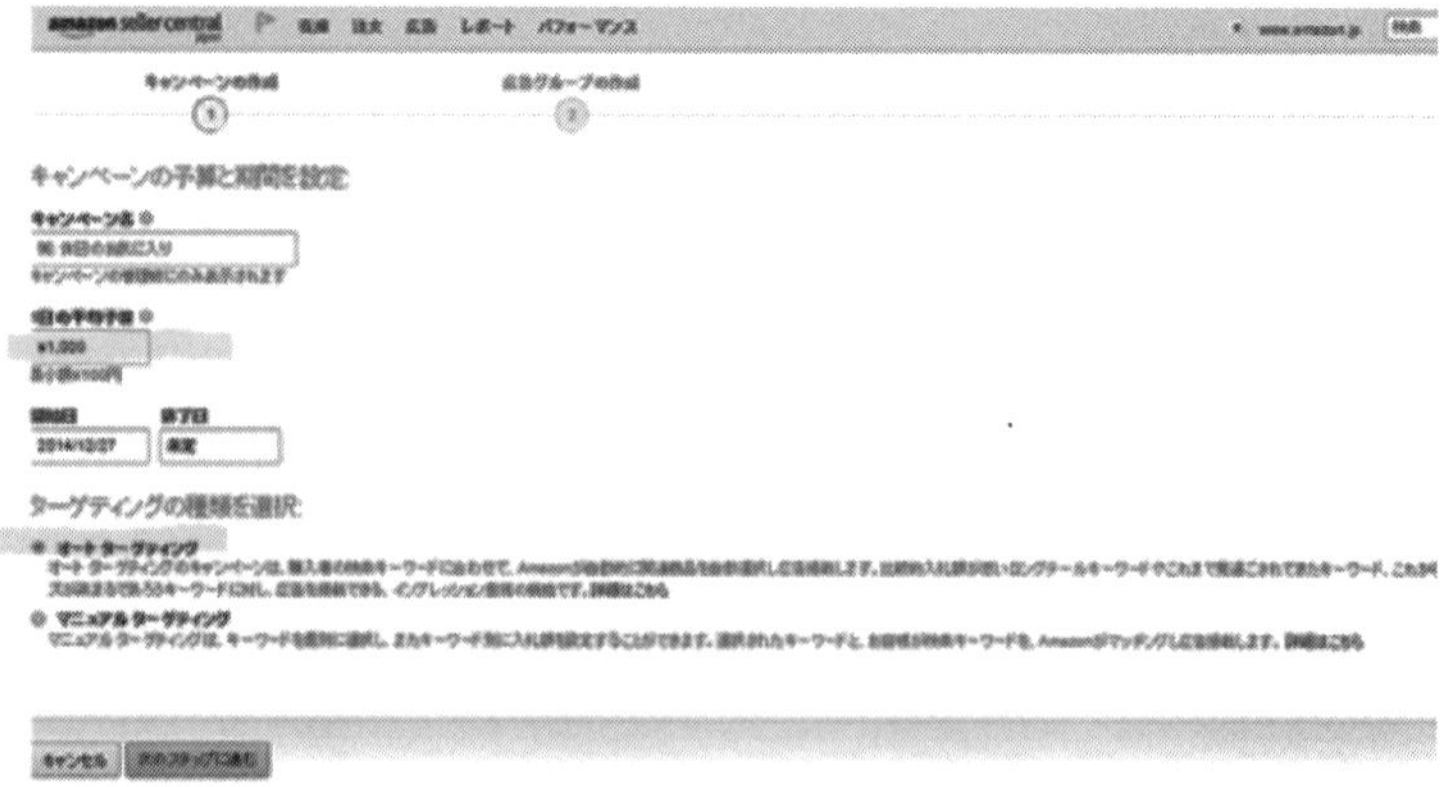

を設定してみましょう。

オートターゲティングでは、アマゾン側で関連商品などの検索結果をもとに、自動的に表示場所を決めてくれます。

マニュアルターゲティングは、自分で検索キーワードを指定します。たとえば「『手袋 スキー』で検索したときに表示させる」などの設定が可能です。

続いて、広告グループの作成についてです。入札額はオークション制になっていて、高く設定している人が1ページ目に表示されやすくなります。

実際の表示を見ながら、入札額を微調整するようにしましょう。レポートから費用（クリック課金）と広告経由の売上金額を閲覧できるので、ぜひ参考にしてください。

これらの施策を組み合わせつつ、PDCAサイクルを回して、セッション数の向上を目指していきましょう。

01 ネット物販における「AIDMAの法則」

より良いページをつくるための方策として、「AIDMAの法則」についても押さえておきましょう。

AIDMAとは、「Attention（注意）」「Interest（関心）」「Desire（欲求）」「Memory（記憶）」「Action（行動）」の頭文字をとった言葉です。

これらは、広告宣伝に対する消費者の心理的なプロセスを表したものですが、この順番を意識しておくことで、具体的な施策がイメージしやすくなります。

たとえば、認知段階である「Attention（注意）」が不足している場合には、認知を向上させるために、積極的な広告戦略やキーワードの設定が必要となります。

また、「Interest（関心）」「Desire（欲求）」「Memory（記憶）」「Action（行動）」が不足している場合は、より注意を喚起するために、商品説明などを工夫するべきかもしれません。

さらに、最後の「Action（行動）」で離脱されているようなら、価格を最適化するなどしつつ、より消費者の行動を促す必要があります。

このようにＡＩＤＭＡは、中国輸入ビジネスに限らず、インターネットで商品を販売したりサービスを提供したりする際には、必ず押さえておきたい事柄です。

■最初の入口をどのようにして構築するか

このうち、アマゾンでの販売でとくに重要なのは、最初の入り口である「Ａｔｔｅｎｔｉｏｎ（注意）」です。閲覧してもらえなければ、売れるチャンスはありません。

セッション数を上げる方策としては、「商品名」「セール価格」「セラー広告」などがあると述べました。これらを軸に、より注目されるページへと育てましょう。

残りの「Ｉｎｔｅｒｅｓｔ（関心）」「Ｄｅｓｉｒｅ（欲求）」「Ｍｅｍｏｒｙ（記憶）」「Ａｃｔｉｏｎ（行動）」のすべてに影響するのは、設定する価格です。

価格を極端に安くすれば、購入する人は必ずいます。最初の1個が売れればランキングが上がるため、1つ売れるまで大胆な値付けをするのも1つの方策でしょう。

ただし、あまりに安い価格を設定して、大量に売れてしまったら大変です。そのため、相場よりも安くしつつ、大量に売れないギリギリの価格を見極めて値段をつけましょう。

たとえば、輸入原価が１０００円の商品で１２００～１３００円ほどの価格をつけておけば、まず、注目されて売れるはずです。

そのようにして販売実績をつくってから、適正な価格に戻したり、商品画像やタイトル（キーワード）、文面などもあわせて工夫したりしてみるといいでしょう。

改善方法がわからない場合は、とにかく売れている商品を参考にしてください。売れている商品には、必ず、売れている理由があります。

たとえば、説明文に「今年の最新モデル！」「テレビで話題の商品です」などの文面を使っているかもしれませんし、あるいは求められる機能をアピールしているかもしれません。

いずれにしても、消費者が欲しくなるような、他の商品を選ぶ余地がなくなるようなページにすることが大切です。言うなれば、選ばれるだけの価値を伝えるのです。

ここで遠慮してしまうと、閲覧されても売れない商品になってしまう可能性があります。積極的に、購入意欲をそそるような工夫を施してください。

あとは、在庫数を調整するのも1つの方法でしょう。

在庫が少なくなると「残り◯個」と表示されるので、在庫を抑えつつ、売れるたびに調整してみてください。

ただし、在庫が少ないと販売機会を逸することにもなり兼ねません。このあたりは経営判断になりますが、状況に応じて対処するようにしましょう。

01 ビジネスレポートはここを見る

ＰＤＣＡやＡＩＤＭＡを活かすには、アマゾンの「ビジネスレポート」を活用します。レポートをチェックすれば、商品の推移を数字で把握できます。

必ずしも細かい部分まで見る必要はありません。重要なポイントだけ押さえておき、その推移を見るようにしてください。そこから、販売の動向が見えてきます。

ただし、アマゾンのレポートをフル活用できるのは、「大口」のみとなります。そのため、できるだけ早い段階から、大口へと移行しておくようにしましょう。

具体的な見方としては、まず、セラーセントラルにログインしたうえで、「レポート」→「ビジネスレポート」へと進みます。

ここで、日付別の売上・トラフィックや、ＡＳＩＮ別の売上・トラフィックなどを細かく確認できます。このビジネスレポートが、分析の要です。

別の項でもふれていますが、ＡＳＩＮは「Ａｍａｚｏｎ Ｓｔａｎｄａｒｄ Ｉｄｅｎｔｉｆｉｃａｔｉｏｎ Ｎｕｍｂｅｒ」の略称で、アマゾンが取り扱う書籍以外の商品を識別する10桁の番号です。

たとえば、「(親) 商品詳細ページ売上・トラフィック」という項目をクリックし、対象の日付を絞り込むと、次のような情報を閲覧できます。

・セッション
・ページビュー
・ユニットセッション率
・注文された商品点数
・注文品目総数
・注文商品売上

これらの情報をもとに、ページや商品を改良していきます。別の項目もチェックしながら、幅広くデータを閲覧してみましょう。

ちなみに相乗りの場合、他の人が登録した商品でも、相乗りしていればレポートでセッション数を閲覧できます。その数字を参考に、今後の出品計画を練るのもいいでしょう。

アマゾンでの転換率（ユニットセッション率）は、目安として4～5％は欲しいところです。それを下回っているとしたら、どこかに問題があると考えられます。

たとえば、セッション数が累計100以上になっても商品が売れていないときは、商品の魅力を正しく伝えられていない可能性があります。

具体的には、「写真が悪い」「説明文が悪い」「値段が高い」などが原因として考えられます。そのような場合は、売れている商品を研究し、自分の商品もそれに近づけるように工夫しましょう。

このようにビジネスレポートには、改善のためのヒントがたくさんあります。少なくとも、新規登録してから1週間は毎日、ビジネスレポートをチェックしてください。

その過程で、よりクリティカルな改善ができるようになります。

次ページの売上改善チェックシートも活用してください。

売上改善チェックシート

ユニットセッション率（転換率）		
	確認ポイント	改善策
商品写真	□ 商品の特徴、仕様／寸法、 使用イメージが分かりやすいか	アマゾンは9枚、メルカリは通常4枚だが、最大10枚まで登録可能。 すべて伝えきろう！
	□ 一番の「ウリ」（悩み解決）が ひと目で分かる画像を入れているか	他商品と比べて最大のウリとなるのはなにか。1つに絞って2枚めの画像で伝える。悩み解決系がお勧め！
商品説明文	□ 商品の特徴、仕様／寸法、 使用イメージが分かりやすいか	類似品で売れている商品を見て 研究しよう！
商品レビュー（アマゾン）	□ レビューが5つ以上、 平均★4以上、入っているか	購入者へレビュー依頼しよう。 「アマキング」などの 自動化サービスも多く出ている
発送時期	□ 納期を明確にしているか。 アマゾンの場合はＦＢＡ利用必須	「平日20時までに購入完了で翌朝発送します」など、明確な納期を書いておく。アマゾンはＦＢＡを必ず使う
出品者評価	□ 100件以上あるか	まずは薄利でも良いので売ること。 取引件数を重ねることで 評価は自然とたまる
販売金額	□ 類似品と比較して 値ごろ感はあるか	最安値でなくても良い。 品質、信頼感とのバランスが大事

セッション数（アクセス数）		
	確認ポイント	改善策
商品写真 1枚目	□ 背景が白く、分かりやすい構図か	1枚目は商品だけにして、シンプルに分かりやすく
	□ 画像サイズは幅1000ピクセル 以上になっているか	中国の販売者に問い合わせると、大きな解像度の画像がもらえることも。 なければ撮り直すことも必要
商品タイトル	□ 商品がひと目で分かる、 簡潔なタイトルか	例えば「ABC産業 帆布リュックサック生活防水」など。長くても60文字以内にする。長すぎるタイトルは逆効果
再出品（メルカリ）	□ 出品して3日間経過しても 売れない → 消して、再出品する	メルカリは最新の出品順に並ぶため、 再出品する手間を惜しまずにやろう
広告（アマゾン）	□ セラー広告（オートターゲティング） を出そう ※オリジナル商品の場合のみ	まず予算1日1,000円程度から、 1週間試してみよう

今回はペットベッドをご紹介させていただきます。

第6章

これであなたも
月収100万円突破!
年収1000万円の
仲間入り!

01

月収100万円を達成するために必要なこと

前章までは、月収10万円、月収30万円、月収50万円と、それぞれのステップを経て月収を高めていく方策について紹介しました。

本章では、さらに収益を拡大するべく、月収100万円を目指して具体的な施策を講じていきましょう。

そこで重要なのは、〝売れる商品〟についての理解です。

売れる商品とは、競争力のある商品のことです。他の商品にはない強みがあり、差別化要因をもつ商品こそが、ライバルと競うことなく次々に売れていきます。

そのような売れる商品は、特別な人にしかつくれないわけではありません。むしろ、正しい方法で商品づくりを進めていけば、誰もが開発したり発掘したりできるのです。

ここでは、私が商品を開発するときに使用しているフレームワークをもとに、売れる商品・競争力のある商品について考えていきましょう。

さて、売れる（競争力のある）商品をより詳しく分析すると、主に、次の2つのポイントがあるとわかります。

・商品の特徴と消費者のニーズが重なっている
・その特徴が、他の商品と重なっていない

つまり、消費者のニーズがあり、他の商品と重なっていない特徴をもつ商品こそ、売れる商品・競争力のある商品となるのです。

たとえば、リュックサックを例に挙げて考えてみましょう。次ページのシートをご覧ください。

まず、シート上の「他商品」のところに、すでに売れている商品の販売ページを見て、その特徴を書いていきましょう。

たとえば、こんな感じです。

・「防水」……生地が防水加工されている
・「色が選べる」……売れ筋の色以外に個性的な色も揃える
・「歩きながら充電できる」……充電ケーブルを通すための穴がある（中にモバイルバッテリーを入れて使う）

オリジナルブランドスターティングノート

	例	ベンチマーク①	ベンチマーク②	書き方
ページURL				
販売価格（税込）	3,400円			モノレートでの過去平均価格
ランキング	46位（シューズ・バッグ）			大カテゴリ単位での現在順位
高評価レビューの内容	・軽い・金具がしっかりしてる ・ポケットが多い（6ヶ所）			★4以上の評価
低評価レビューの内容	・フックがすぐ取れた ・ファスナーが固い ・Ａ４ファイルが入らない			★1、2の評価
バリエーション毎のレビュー件数	ブラック：19件 ブラウン：15件 ネイビー：10件			売れ筋割合の推測に使います

ＯＤＭの仕様 ※ベンチマーク商品を基に改善点を整理

	例	内容	写真・図
改善点①	フック部→マジックテープ式にする		
改善点②	Ａ４ファイル、厚さ１cmまでが縦に入るようにする		
改善点③	ファスナーは滑りやすいものを選ぶ（ＹＫＫ品質）		
発注割合	ブラック：40％ ブラウン：30％ ネイビー：20％ レッド、グリーンは5～10％		

次に、「消費者ニーズ」の欄には、買い手がその商品に求めている事柄を書いていきます。そのときに参考にしたいのが、レビューです。

ご存知のように、アマゾンや楽天市場などのインターネットモールには、商品ページに購入者のレビューが掲載されています。

レビューは「★（星）」の数で5段階に評価されていますが、とくに「★2」や「★1」などの低評価レビューをチェックしてみてください。

リュックサックの場合だと、

「リュックが重くて疲れる、肩が痛くなる」
「中にポケットが全然なくてごちゃごちゃする」
「ファスナーが壊れる」
「中国語のロゴが入っていた」

などの口コミは、低評価のレビューによく見られます。これらはまさに、消費者が不満に思っている事柄であり、消費者の要望そのものです。

これらを、シートの「レビューの内容」欄に書き出していきましょう。

さらに、「ODMの仕様」には、先の2つの情報を参考にして、思いつく限りのアイデアを書き出していきます。

低評価レビューをもとに、ニーズを満たす仕様を書き出します。具体的には、次のようなかたちです。

・「軽い」……メイン素材はポリエステル。ポケットや仕切りはメッシュにして軽量化する
・「整理しやすい」……ポケットを増やす
・「開閉がラク」……ＹＫＫなど品質の良いファスナーを使う
・「日本デザイン」……日本人がデザインした点もウリにする

加えて、他商品の「防水加工」「色が選べる」「歩きながら充電できる」などの特徴のうち、商品レビューでも高評価のものに関しては、さらに実施していきます。

こうした点を踏襲した商品は、次のようになります。

当商品は、「防水加工」「色が選べる」「歩きながら充電できる」という特徴があります。また、軽量化のためにメイン素材にポリエステルを使用し、ポケットや仕切りにはメッシュ素材を使用しています。さらに、整理がしやすいようにポケットを多数設けていま

す。ファスナーは、壊れにくいYKK製（日本製）を使用。デザインは日本人デザイナーによるものです。

このように、適切な手順で分析すれば、オンリーワンの人気商品を開発することが可能となります。まずは、売れる商品の基本的なつくり方をマスターしておきましょう。

02

オリジナル商品をつくり出す「ODM戦略」とは

前章で紹介したOEM商品は、既存の商品にオリジナル性を加えることで、新規商品としてアマゾンで販売する手法でした。

具体的には、箱、パッケージ、ロゴなどを追加することで、他の商品とは異なる特徴を設け、アマゾンの新しいページをつくるという方法です。

ただOEMの場合、見た目を含む〝デザイン〟の大部分は、必ずしもオリジナルとは言えません。あくまでも、既存の商品をベースにちょっとした工夫を加えているだけです。

もちろん、それだけでもメルカリやヤフオクでの転売、あるいはアマゾンの相乗りより

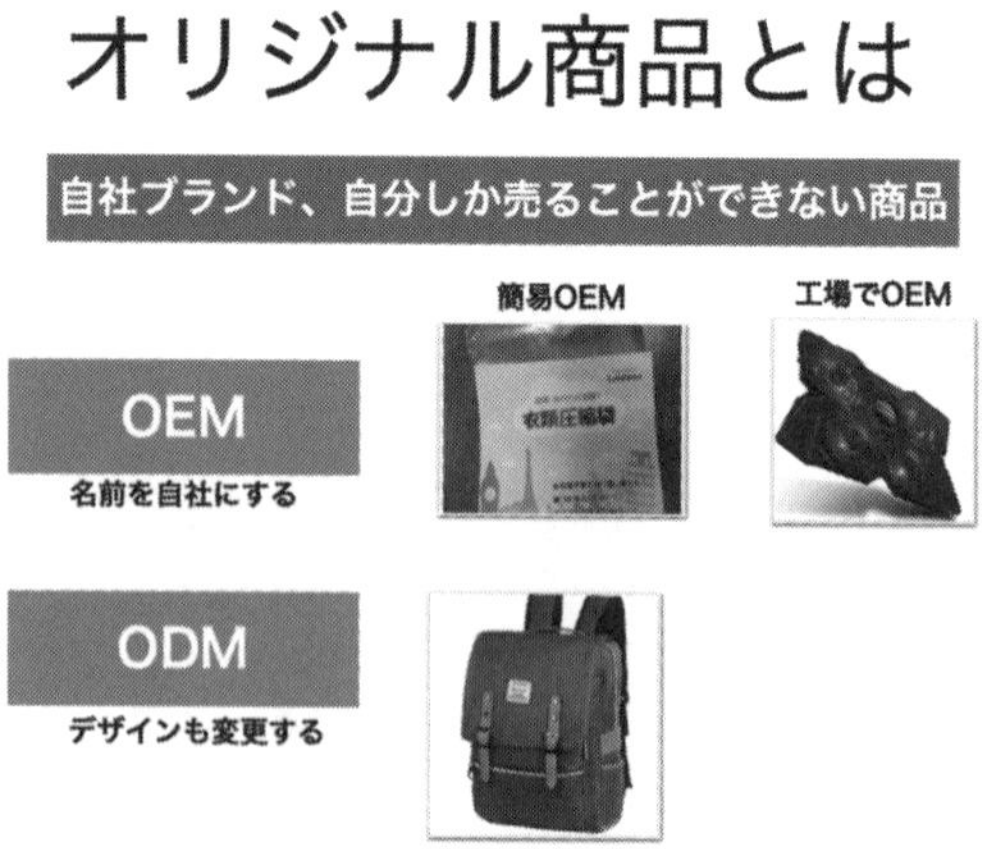
オリジナル商品とは
自社ブランド、自分しか売ることができない商品
簡易OEM
工場でOEM
OEM
名前を自社にする
ODM
デザインも変更する

多くの収益をあげられます。

しかし、さらに上を目指すなら、よりハイレベルなオリジナル商品をつくることをオススメします。それが「ODM戦略」です。

ODMとは、「Original Design Manufacturing」の略称で、デザインの部分までオリジナル性をもたせることを指します。

世の中にある多くの商品は、何らかの模倣をベースにしています。見た目、使い方、手触りや質感など、売れ筋商品を参考にすることで、自社製品を構築しています。

アマゾン内でいろいろな商品を検索してみるとわかるように、同じカテゴリーや同じジャンルの中には、類似の商品がたくさんあります。

それこそ、日用品から家電製品、さらには食品まで、ありとあらゆるところに売れ筋商品のエッセンスが含まれており、模倣によって商品が生み出されているのです。

そのように商品を模倣すれば、商品開発そのものはラクになります。また、一から商品開発をしなくて済むため、開発にかかる時間も短縮することができるでしょう。

中国輸入ビジネスにおいてもその点は同様です。相乗りはもちろん、OEMに関しても、基本的には売れ筋の商品からヒントを得て売上拡大につなげています。

しかし、ここからさらに収益を伸ばしていき、月収100万円を突破するには、商品のある部分を大きく変えなければなりません。そのある部分こそ、オリジナルデザインなのです。

■どうすればオリジナルのデザインを考案できるのか?

デザインにオリジナル性をもたせると言うと、むずかしく思われるかもしれません。ただ、必ずしも高度なデザイン性による差別化は必要ありません。

ここで重要なのは、タオバオやアリババでは買えない商品を取り扱うということ。加えて、OEMなどの簡易オリジナルではなく、デザインの独自性をもたせるということです。

そのときに意識したいのは、既存の商品にはない機能や消費者が求めている要望を付加しつつ、不満を解消するようなものです。

そのための工夫として、レビューの内容を参考にするなどのテクニックについてはすでに述べたとおりです。そうした点を意識しつつ、ODMを進めていきましょう。

具体的なＯＤＭの事例は、次章の実践者インタビューで紹介していますので、ぜひ参考にしてみてください。

03

ＯＤＭのポイントは中国での「現地仕入れ」にある

すでに述べてきたように、デザインにまでオリジナル性をもたせるＯＤＭ戦略は、商品の差別化という点で非常に強力な施策となります。

では、どのようにしてＯＤＭを実現すればいいのでしょうか。ポイントは、「中国で現地仕入れを行うこと」にあります。

ＯＥＭは、オリジナルといっても、すでにある商品に箱やパッケージを付けたり、ロゴを加えたりしただけのものでした。ですので、開発のハードルはそれほど高くありません。ハードルが低いということは、参入する人が一定数存在するということであり、競合が増えるに従って、価格競争に陥る危険性もあります。

だからこそ、デザインも含めたハイレベルなオリジナル商品をつくるＯＤＭに着手する意義があるのですが、その実践は、中国での現地仕入れをベースに行います。

タオバオやアリババのみで仕入れを行っている段階ではイメージしにくいかもしれませんが、実は、中国には日本の町工場に相当する無数のミニ工場があります。

工場といっても、マンションの1室を簡易工場として使用しているケースも少なくありません。扉を開けると、縫製に使用する道具がたくさんあるといったイメージです。

そういった小さな工場では、既存の商品にちょっとしたアイデアを加えてカスタマイズするなど、デザインも含めた完全オリジナルの商品がつくられています。

そのような工場を見つけ、発注し、よりハイレベルなオリジナル商品をつくっていきます。

■イーウーで工場を見つけよう

では、どこで工場を見つければいいのでしょうか。その答えは、世界最大の問屋街である「イーウー（義烏）」にあります。

イーウーは、上海から南西約300㎞に位置する、人口約200万人の地方都市です。街全体が巨大な卸売市場を形成している、中国の貿易特区です。

市内でも最大の市場である福田市場（国際商貿城）には、総面積320万平方メートル（東京ドーム30個分）の広大なスペースに、6万軒を超える常設ブースが軒を連ねています。

イーウー(義烏)とは

- 上海から車で4時間
- 貿易特区として
世界中からバイヤーが訪れる
- 国際商貿城(福田市場)をはじめ
80,000店舗のサプライヤー
- 小ロットでOEM、ODM注文が
できる。

市全体としては、8万社以上の問屋が32万種類に及ぶアイテムを取り扱っており、世界中からバイヤーが訪れています。訪問者は1日あたり20万人を超えています。

中国での仕入れで有名な「広州交易会（年2回開催される世界最大の展示会）」が、ここイーウーでは、それこそ年中開催されているようなものです。

イーウーの問屋は、その場で商談を行うことができます。条件が合えば、形や色を日本の流行に合わせてカスタマイズしてもらうことも可能です。

その他、イーウーには次のような特徴があります。

◎外国人のオーダーに慣れている

イーウーは、中国で唯一の貿易特区です。街中に外国人がいます。交渉慣れしているので、はじめからＬａｓｔＰｒｉｃｅ（値下げ交渉を省き、最初から最安値）となっています（ただし、やり取りはすべて中国語です）。

◎人件費が安い

イーウーでは、内陸からの出稼ぎ労働者が多く働いています。一般的な工員の月給は、4万円前後です。

◎物流コストが安い

イーウーからは、毎日500本のコンテナが出荷されています。航空便も多く、物流コストは大変安価です。

このように、ODM商品の発掘場として最適なイーウーですが、何も知らずに訪れても実りはほぼありません。

広大な問屋街なので目的のブースを的確に案内するアテンドは必須ですし、納品は帰国後となるため、問屋や工場との交渉、納期管理なども必要となります。

そのため、現地仕入れにも対応してくれる代行業者に協力を要請しましょう。

実際のODM発注は、次のような手順で行います。

①似たような商品を扱っている問屋を探す
②品質をチェックし、問題なければサンプルを見せてもらう
③ロットや価格を聞き（交渉し）、サンプルをオーダーする

④サンプルの品質を確認。問題があれば指摘し、問題なければ本発注（商品代金の30％程度を支払います）

⑤納入後に検品を行い、不良品は返品。良品のみ残金を支払う

とくに③の段階で、ＯＤＭの内容について詰めていくのがポイントです。また④のサンプルは、つくり直してもらうことも可能です。

04

商標登録で自分だけのブランドを手に入れる

開発したＯＤＭ商品のすべてが売れ筋商品になるとは限りませんが、中には、大ヒットする商品も出てくるかもしれません。あるいは、ロングセラーも同様です。

そのような商品を開発できたとき、リスクとして考えておきたいのが〝真似されてしまうこと〟です。

アマゾンでの相乗りやＯＥＭは、売れ筋商品の模倣をベースにしています。事実、既存のページをそのまま使ったり、土台となる商品本体を活用したりしています。

そこから脱却するための戦略がODMだったのですが、そうして開発した商品に関しても、競合他社に真似されてしまう可能性があるのです。

そうしたリスクを避けるために、製作したODM商品で使うブランド名を商標登録しておきましょう。商標登録すれば、他社が真似できない自分だけのブランドとなります。

商標権を取得するメリットは主に2つあります。

①自分の商標として使い続けることができる
②自分のページに相乗りしてきた出品者に「売るな！」と言える

とくに②については、アマゾンが相手の出品を停止するなど、ページを独占することができるため、強力な効力を有すると言えます。

では、どのように商標登録を行えばいいのでしょうか。

あまり知られていませんが、実は、商標登録をするのはそれほどむずかしくありません。

最近では「Ｔｏｒｅｒｕ」などの、簡単に商標をとれるサービスも出てきています。

◎Ｔｏｒｅｒｕ　https://toreru.jp/

Ｔｏｒｅｒｕでは、次のような手順で商標登録を取得できます。

①無料調査
②特許庁に出願（ウェブシステム）
③約14ヶ月の審査期間（実際は半年～10ヶ月くらい）
④商標登録料の納付
⑤登録証の発行
※詳しい流れはこちらのページから確認できます。
https://toreru.jp/home/flow

料金体系もシンプルで、１区分の出願手数料は９８００円～、総額で４８０００円です（印紙代込み）。有料ですが、早期審査も行っています。

こうしたサービスを使うことで、特別な知識や手続きを経ることなく、誰でも気軽に商標登録を行えます。

ちなみに、Ｔｏｒｅｒｕを利用しない場合の手順については、特許庁のホームページで見ることができます。基本的な流れは次図のとおりです。

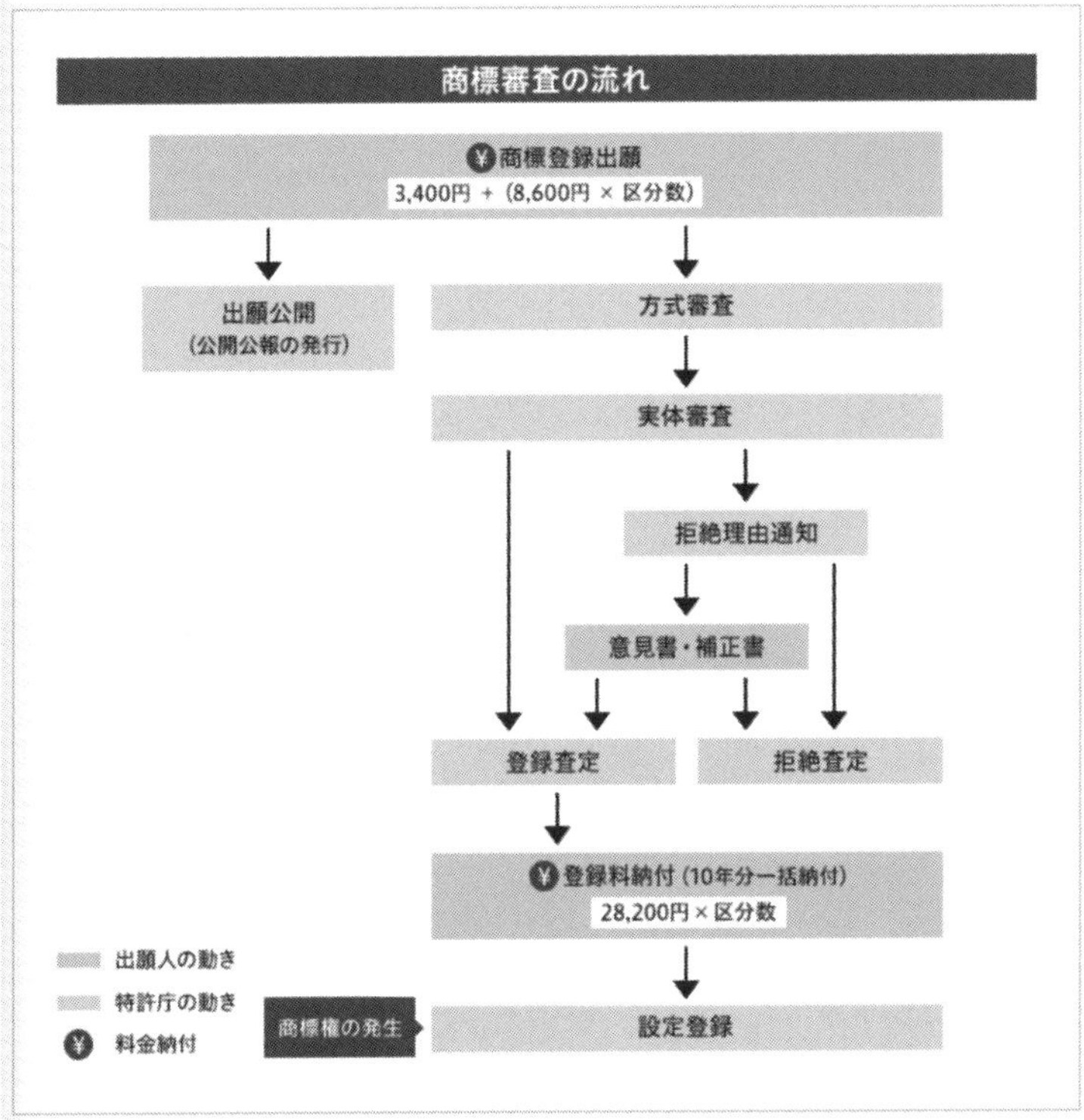

◎特許庁
https://www.jpo.go.jp/system/basic/trademark/index.html#01

その他、細かい規定については、特許庁のホームページをチェックしてみてください。わかりやすく解説されています。

◎特許庁
https://www.jpo.go.jp/index.html

05

さらなる利益拡大を目指して

ＯＤＭ戦略は、オリジナルデザインの商品を開発し、自らのブランドを立ち上げることにもつながるため、得られる利益はそれこそ無限に広がっていきます。

たとえば、５０００円で売れる商品を開発し、それを1日7個（月２００個）販売すれば、それだけで月商１００万円を突破できます。

同様の商品を5種類つくるだけで、月１０００個の販売で月商５００万円、利益で１５０～２００万円です。

もちろん、開発した商品の値付けは自由に行えるため、安いものから高いものまで、幅広い価格帯の商品を取り扱うことも可能です。

そう考えると、複数の商品を組み合わせることにより、月収１００万円、年収１０００万円のハードルもそれほど高くないとわかります。

事実、中国輸入ビジネスで創業した私も、わずか2年で年商4億円を超えました。たった1つのヒット商品だけで3億円以上の売上をあげたこともあります。

そのような商品を発掘することは、経験さえ積めば、誰にでもできます。ここまでの手順で問題なく稼げていれば、少しずつ、ヒット商品が増えていくことでしょう。

ちなみに、月収100万円のイメージとしては、完全オリジナル商品を10種類ほど抱えていれば見えてくる水準かと思います。つまり、ODMで10個の商品をつくるのです。

なぜ10個かというと、売れる！　と踏んで作った商品のすべてが本当に売れるとは限らず、ヒットするのは3割くらいだからです。

もちろん、並行して相乗りやOEMでも商品を販売していくことになるため、予想以上に早く収益が蓄積していきます。

くり返しますが、特別な技能などを有することなく、誰でもこの水準まで到達できます。それこそが、中国輸入ビジネスにおける最大の強みなのです。

■事業を大きくするためにできること

アマゾンでの販売が軌道に乗り、中国輸入ビジネスを事業としてさらに大きくしていきたいと考えたなら、次のような施策も行ってみましょう。

◎在庫の最適化

ヒット商品を持ってても、売り切れては利益は出せません。ODMは工場で生産するため、納期が2～4週掛かるのが一般的です。在庫切れにならないように、発注タイミングをしっかり把握しておきましょう。

次ページの「在庫切れ回避発注しきい値表」を参照してください。

◎販売チャネルの複数化

在庫数・商品数は同じままで売上を増やす方法として、「多店舗化」があります。〝商品数〟を増やすのではなく、〝販売数量〟を増やすのがポイントです。

具体的には、「①楽天市場」「②ヤフーショッピング」「③自社ドメインショップ」などでの販売が可能です。

①楽天市場

とにかく集客力があります。固定費は月2万～6万円、トータルの手数料は売上の8％ほどかかりますが、集客力があるので十分カバーできます。

在庫切れ回避発注しきい値表

ASIN or SKU	商品名等	過去30日間の販売数	在庫数	発注閾値	発注必要	最小ロット	納期（注文→日本着）	1日あたり販売数
		バイヤーセントラルのビジネスレポート	バイヤーセントラルの「FBA在庫」	※自動計算	※自動計算	※最初に入力	※最初に入力	※自動計算
例	南京錠	90	50	42	×	30	14	3.0
例	タウンリュック（青）	212	124	197.866667	○	100	28	7.1

②ヤフーショッピング

出店費用、売上手数料が無料であるのが強みです。広告費代わりに、販売価格を安めに設定しているショップが売れています。

③自社ドメインショップ

ショッピングカートASPを利用するのが一般的です。有料のものから無料のものまで、各社がさまざまなサービスを展開しています。

手数料はかかりませんが、集客は「SEO」「PPC」「アフィリエイト」がメインのため、軌道に乗るまで最低でも1年ぐらいかかります。

※SEO：Search Engine Optimization（検索エンジン最適化）
※PPC：Pay Per Click Advertising（リスティング広告）

◎欧米へのダイレクト販売

欧米版のアマゾンを活用すれば、中国で仕入れた商品をそのまま欧州で販売することも可能です。日本のアマゾンと同じ操作で、同様の機能が利用できます。

ただし、代行業者がサポートしている必要があるため、事前に確認しておきましょう。

売上金は送金代行業者を使えば日本円で受け取れます。

◎メーカーとなり卸売へ

展示会に出展し、オリジナル商品を売り込めば、メーカーとして卸業者になることも可能です。

商品によって出展する展示会は異なりますが、雑貨であれば「東京インターナショナル・ギフト・ショー（毎年春秋の2回開催）」と「国際雑貨ＥＸＰＯ（毎年夏開催）」などがあります。私も毎年出展しています。

全国の店舗で販売されると、知名度と信用が一気に上がり、ビジネスが大きく拡大する可能性があります。ぜひ、検討してみましょう。

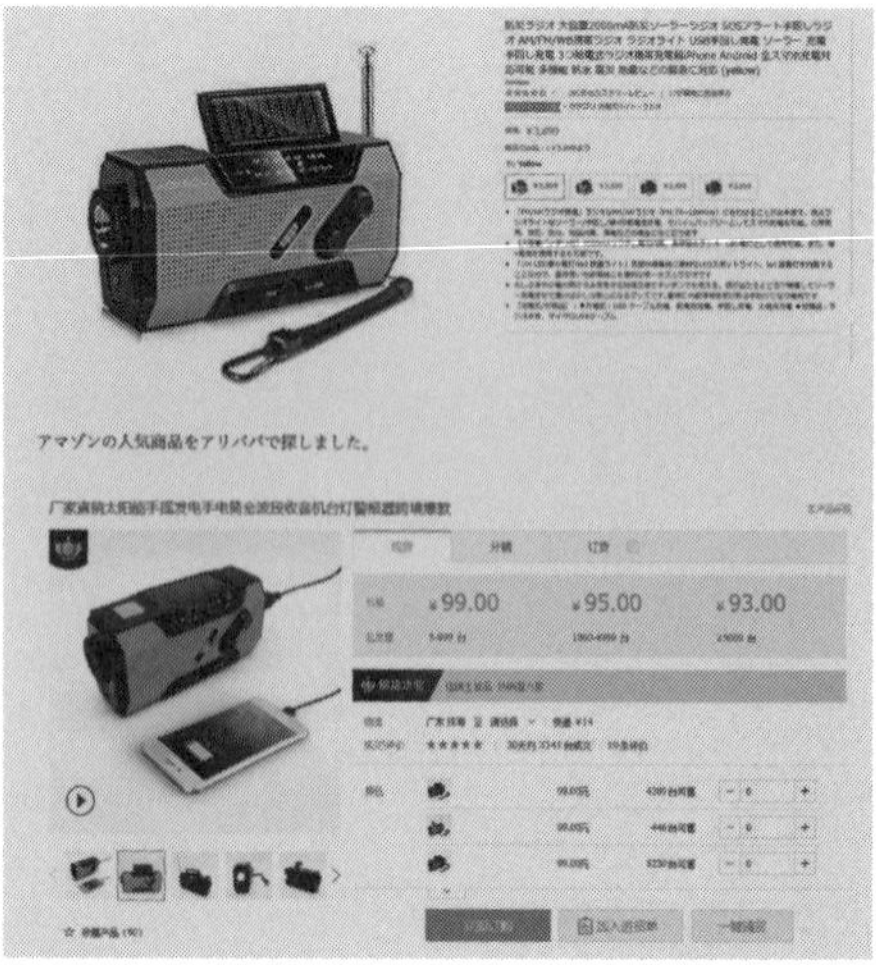
アマゾンの人気商品をアリババで探しました。
¥99.00
¥95.00
¥93.00

第7章

こんな商品が売れている!成功者たちの実例集

本章では、中国輸入ビジネスで成功を収めた方々の実例を紹介します。前章でふれたオリジナル商品（ODM）の事例とともに、参考にしてみてください。

01

ちょっとした工夫で月販500個を達成！（Aさん、会社経営者）

ひとりで会社を経営しているAさんは、収入の柱を増やすために、中国輸入ビジネスをはじめました。まさに、他業種からの参入です。

現在では、もともと行っていた事業とほぼ同じ水準にまで輸入ビジネスが拡大し、収入における2本目の柱として成長しています。

もともとAさんが行っていたのは、キャラクターライセンス契約を取得して商品を製造・販売する物販です。その点、商品を販売することに関しては、一定の知識と経験がありました。

ただ、「輸入ビジネス」も「中国との取引」も未経験。それでも、中国輸入ビジネスをはじめたのは、ライセンスビジネスだけに頼ることへの懸念があったそうです。

それというのも、ライセンスビジネスはキャラクターの人気に左右され、浮き沈みが激しいとのこと。そこで、事業全体をより安定化させる方策を考えていたとき、中国輸入ビジネスと出会ったのでした。

最初は米国アマゾンで商品を転売してみたそうですが、それもなかなかうまくいかず……。私の本を読んで相談に来られ、本格的に中国輸入ビジネスをスタートしていきました。

その後、実践を重ねていくうちに、月販500個を達成するまでになったのです。

■商標登録も済ませたヒット商品

はじめた当初の苦労としては、やはり、売れる商品を見極めるのがむずかしかったとのこと。中には売れないものもあり、コツをつかむまでは当たり外れの連続でした。

その後、商品をただ選別するのではなく、付加価値をつけて販売するために、オリジナル商品の開発に着手します。それも、OEMではなくODMです。

Aさんの場合、OEMのような簡易的なオリジナル商品では、十分な差別化ができないとの懸念がありました。そこで、ODMに着手したわけです。

デザイン面でフォローしたのは、デザイナーであるAさんの奥さんでした。多くの人に人気の猫をモチーフにし、オリジナルのカードケース（名刺入れ）をつくったのです。

その後、大ヒット商品になったこともあり、商標登録を済ませています。

どのくらいのヒット商品になったかというと、月間の販売個数は500〜600個。1日あたりに換算すると、実に20個前後売れていることになります。

しかも原価は、1個あたり4～5元。販売価格は10倍以上です。かなりの収益につながったことは間違いありません。

ヒット商品の開発を受けて、カードケースだけでなく、電子タバコケースへと開発を拡大。商品開発のヒントは、アリババのページからも得ているそう。

現在では、本業と同水準（月商300万～400万円）にまで、中国輸入ビジネスのほうも成長しています。この先の目標としては、本業と副業を合わせた水準まで、輸入ビジネスを大きくしたいとのことです。

これまでの流れ、そしてポテンシャルを考えれば、十分に可能だと思います。

02

未経験からの副業で月の収入40万円！（Nさん、会社員）

次は、東証一部上場企業に勤務する会社員、Nさんの事例を紹介しましょう。

Nさんはサラリーマンということもあり、副業として中国輸入ビジネスをはじめています。それでもすぐにコツをつかみ、今では成功を収めています。

そんなNさんが輸入ビジネスをスタートしたのは2013年のこと。春先からリサーチをはじめて、実際に販売を開始したのは6月頃だったそうです。

それまでは、輸入ビジネスどころか他の副業もしていなかったとのこと。つまり、まったくの未経験からスタートして、収入源を増やすことに成功しているのです。

Nさんは、現状を次のように語ります。

「本業の仕事は、会社員なのでできることが限られますが、副業に関しては自分ひとりで行っているため、責任の範囲で自由にできるのが魅力ですね。中国輸入ビジネスをはじめてから、ハリのある日々を送っています」

会社員として忙しい日々を送っていたNさんにとって、使える時間は限られています。その点、好きな場所で行え、時間もかからない中国輸入ビジネスは最適だったようです。現在は事業も軌道に乗り、売れ行きだけをチェックしている日もあるとのこと。もちろんリサーチも行っているそうですが、毎日ではないそうです。

作業時間の平均は、週に2回、1日あたり30分～1時間とのことでした。

■副業としての可能性について

今では安定的に収益を得ているNさんも、最初から副業として成功できていたわけではありません。最初の半年くらいは、時間も労力もかかったそうです。

もともとNさんは、リサーチ作業を含めて、パソコンの前にいるのがそれほど苦ではなかったようです。そのため、趣味と実益を兼ねて実践することができました。

売上は、季節や時期によって変化があるものの、おおむね100万円前後とのこと。そのうち利益は、35～40%です。

自分のペースでできる副業で、月商100万円、収入で月40万円ほど稼げる……こんな副業は他にはなかなかありません。

ちなみに、Nさんが目をつけたのは「財布」でした。イーウーではなく広州（グワンジョウ）という革製品の製造で有名な地域に行き、工場を開拓して、オリジナル製品を開発したのです。

開発した財布が売れるようになってからは、不良品などの問題に対処しつつ、順調に利益を伸ばしていきました。その過程で、努力する価値があると実感されたそうです。

現状、すでに5年以上の経験を積んでいるNさんですが、事業面だけでなく、使えるお金の面でも余裕が出てきているそうです。

決して無駄遣いをすることはないとのことですが、好きな高級外車も購入し、毎週ゴルフを楽しむなど、ゆとりある生活を送っているのがわかります。

このようなNさんの成功事例は、副業として検討している会社員の方々にとって、希望になるのではないでしょうか。

03

脱サラ後にはじめて年収1000万円！（宮川康弘さん、会社経営者）

次は、上場企業から脱サラし、別の事業を経験して中国輸入ビジネスをはじめた宮川さんの事例です。

脱サラした宮川さんが最初に行った事業はリサイクルショップの経営でした。そこで小売業を経験し、中国輸入ビジネスへとたどり着いています。

もともと商品を売る経験を積んでいたため、「売れる商品・売れない商品」に対する感度が高かった宮川さんは、最初から、オリジナル商品づくりに着手しています。

ただ、必ずしも当初からうまくいったわけではないとのこと。たとえば、タオバオやアリババの商品をそのまま工場でつくらせたところ、微妙に異なるものが完成したそうです。具体的には、材質が異なっていたり、肌触りが違っていたりなど、ちょっと見ただけではわからないような違いです。では、なぜ違いがあったのでしょうか。

現地で話を聞いてみると、サンプルの場合、余った素材でつくっていることがあったそうです。工場によっても異なりますが、そうした事情があることも、やりながらわかります。

宮川さん自身、実際に工場へと足を運び、現地で話を聞くことによって現状を知ることができたとのこと。やはり、現地に行くというのは重要なのでしょう。

また宮川さんは、「商品自体は工場でつくられていますが、仕様の供給など、それまでの過程も必要です。ですので、現地のコーディネーターと知り合いになっておくと有利かと思います」とも述べています。

私自身、サポートの一環として現地ツアーを開催しているのですが、やはり、多くの人から喜ばれます。ツアーで現地を見て、工場を見学し、事業が前に進むケースも多いです。

まさに宮川さんは、そのような現地ツアーから商機をつかんでいるように思います。伸び悩んでいる方は、ぜひ現地ツアーに参加することをオススメします。

■中国人の商習慣には注意が必要

そんな宮川さんは、これから中国輸入ビジネスをはじめる人に対し、「中国人の商習慣」には気をつけたほうがいいと指摘します。

場合によっては、つくったものをすべて破棄せざるを得ないこともあったそうです。

たとえば、バッグの持つところの根元の部分は普通、まっすぐになっています。それを、とくに指示することなく、八の字にした工場があったそうです。

理由を聞いてみると、先方からは「末広がりで縁起がいいだろうから」との回答。案の定、商品はまったく売れず、在庫を破棄することになりました。

そのように、日本とは異なる商習慣がある点は注意しておいたほうがいいでしょう。とくに、中国になじみがない人ほど、気をつけておくべきです。

さて、紆余曲折を経て現在は安定的な収益を得ている宮川さんは、現状、月収で100万円、年収で1000万円以上の水準で稼いでいます。

一方、さらに事業を大きくするべく、クラウドファンディングなどの新しい手法に着手するなど、アンテナを広げています。

事業が大きくなっても情報収集を怠らず、さらにチャレンジを続けていく。そのような姿勢は、成功している人々に共通しています。

04

1日1時間の副業で月収100万円!(尾崎さん、会社員)

次は、サラリーマンをしながら、副業として中国輸入ビジネスを行っている尾崎さんの事例です。副業という意味では、先に紹介したNさんと状況は同じです。

尾崎さんが中国輸入ビジネスをはじめたのは2015年の夏頃でした。それまで、副業として物販などもしていましたが、あまりうまくいっていなかったとのこと。

その当時は、アリババで見つけたキーケースやぬいぐるみなどを中国から輸入し、アマゾンで相乗り販売をしていました。

ただ、思うように成果があがらず、オリジナル商品の製作に着手することとなります。尾崎さんの場合はまず、仕入先の現地に行くことからはじめたそうです。

一度、現地に行ってしまえば、あとは日本にいながら指示を出すことができます。現地のスタッフに相談しながら進めれば、希望にあった商品を難なくつくれます。

輸入ビジネスを行いつつ、わからないことがあればきちんと相談できる体制が整っていることは重要です。どこかのタイミングで、必ず不明点が出てくるからです。

その点、尾崎さんも、宮川さんと同様に、現地に行くことを推奨しています。現地で信頼できる業者を見つけることが、中国輸入ビジネスの成功確率を高めてくれるのです。

「『〇〇はどこの工場でつくれますか？』と聞いたとき、『〇〇なら△△がいいですよ』などとアドバイスしてくれるのは本当に助かります。レスポンスも早く、現地のパートナーは心強い存在です」

■本業と副業のバランスについて

ところで尾崎さんは、副業をはじめてから生活に変化はあったのでしょうか。とくに気になるのは、本業に対する影響です。

しかし尾崎さんの場合、副業をはじめてからも、勤務時間に大きな変化はなかったそうです。

業界再編などでバタバタしていたことはあったものの、状況は同じとのこと。

目下、悩んでいるのは、このまま副業として中国輸入ビジネスをやるのか、それとも脱サラして本業にするのかということだそうです。

たしかに、会社員としての安定的な地位を維持しつつ、副業として中国輸入ビジネスをやるのもいいですし、本格的に参入するのもいい。悩ましいところです。

構想としては、輸入ビジネスでヒット商品を出し、別の副業として不動産投資をするというもの。いろいろな事業に興味をもっている、尾崎さんならではの発想です。

会社員の方でも、中国輸入ビジネスによって自らの事業経験を積み、商才を開花させていくケースは少なくありません。自分で事業を行う体験がそうさせるのでしょう。

脱サラして自分の事業をもちたいという人は多いですが、飲食店など、資金が必要なビジネスには大きなリスクがともないます。失敗すると、借金だけが残ってしまいます。

また、場所が固定されてしまうということもあり、柔軟な対応がむずかしいのも厳しいところです。その点、中国輸入ビジネスであれば、柔軟な対応が可能です。

ところで、現在の尾崎さんの稼働時間は、1日あたり1時間未満とのこと。

「中国輸入ビジネスを始めたころは、本業の他にアルバイトをしていて、いつも疲れていました。今では時間にゆとりができ、妻との時間がとれて幸せです」

これなら、仕事をしながらでも負担はなさそうです。

05

年商2億円企業に！ 個人収入は2000万円！（Rさん、会社経営者）

最後に、中国輸入ビジネスで起業したRさんの事例を紹介します。

もともとRさんは、会社員として勤務していましたが、会社の業績不振で整理解雇されてしまいます。その後、再就職先が見つからず、中国輸入ビジネスで起業しました。

最初の頃はなかなか結果が出ず、アルバイトを2つ掛け持ちしながら事業を行っていたとのこと。しかし、ある商品がヒットした結果、事態は大きく好転します。

その商品は、最初はロゴを入れただけでしたが、ODMによってRさんの年商は約2億円まで拡大。個人年収も2000万円と、大きく成長したのです。

現在では、この商品をメインに中国輸入ビジネスを行っているそうです。年に2回ほど現地に行き、不具合の修正やブラッシュアップを行っています。

ヒット商品をそのまま売るのではなく、定期的に改良を加えていくこと。ビジネスにおいて重要なPDCAサイクルをきちんと回しているようです。

すでに現地のスタッフとは信頼関係が構築されており、経営も順調。さらに新しい商品を発掘・開発できれば、より大きな事業へと成長していきそうです。

その点で言えばRさんは、宮川さんや尾崎さんよりさらに現地派であると言えるかもしれません。本業で行っている人は、このように現地に重点を置くのもいいのではないでしょうか。

■事業拡大に伴う悩みについて

このように、中国輸入ビジネスで大きな成功を収めているRさんですが、現状はどのような悩みを抱えているのでしょうか。

1つは、倉庫の問題です。既存の商品だけで倉庫がいっぱいになってしまい、新しい商品を発掘・開発できない点を懸念しているとのこと。

中国輸入ビジネスは、少量の仕入れでテストマーケティングを行った後、売れると判断したら、大量に仕入れて原価を下げるのが基本です。

そのため、どうしたって在庫の保管場所を確保しなければなりません。FBAを利用すれば緩和できますが、それでも、大量に仕入れる場合は一時保管場所が必要となります。

そういった点も加味して、事業を拡大していくことが求められるでしょう。

対策として考えられるのは、自ら倉庫を借りるのではなく、外部倉庫を活用するという方法です。それなら、費用はかかりますが、作業等も代行してもらえます。

さて、本業として取り組んでいるRさんは、一日中、現場にいるそうです。もちろん、すべての時間を作業にあてているのではなく、情報収集や勉強にも余念がありません。

さらに数字を伸ばしていくために、Rさんは、他のネットサービスでも販売を行っています。具体的には、楽天やヤフーショッピングなどです。

すでにヤフーショッピングではランキング1位を獲得しており、アマゾン同様、強力な販路となっています。

ちなみに、ヒット商品の販売個数は、1日あたり150個。それこそ、1時間あたり6〜7個売れている計算です。これほど売れるのが、ネット通販であり、これほど利益率が高いのが、中国輸入ビジネスなのです。

第8章

中国輸入ビジネスで、経済自由人になろう

01

中国輸入は、時間や場所に縛られない素晴らしいビジネス

ここまで見てきたように、中国輸入ビジネスは、時間や場所に縛られない、自由なビジネスです。しかも、これまでの経験にかかわらず、誰でもはじめることができます。基本的に必要なのは、パソコンとスマートフォンだけ。あとは、わずかな仕入れ費用さえ用意すれば、いつでもスタートすることができます。

そのため、会社勤務のような時間と場所の制約がなく、好きな時間、好きなところで仕事ができます。だからこそ、副業としても最適です。

とくにメルカリやヤフオク、アマゾンの相乗りからOEM、ODMと実践した方は、FBAを活用することにより、省力化・自動化を体感できるかと思います。

FBAによってアマゾンの倉庫を使えるようになれば、人を雇うことなく、受注から配送業務まで行ってもらえます。その点、手間も時間も大幅に削減できるのです。

さらに、事業が拡大してきた段階で人を雇うことも可能です。自分が行ってきた作業をスタッフに任せれば、より自分の使える時間が増えていきます。

その時間を利用して、もっと稼げる商品を開発・発掘したり、取扱商品数を増やしたり、さまざまな工夫が行えます。そして、ますます事業が拡大していくのです。

人によっては、プライベートの時間を増やしたいという方もいるでしょう。それができるのも、中国輸入ビジネスの強みです。

仕事に追われて家族との時間がとれないのでは、本当の幸せとは言えません。家族のために仕事をしているのにもかかわらず、仕事ばかりでは本末転倒です。

とくに、子どもが小さいときに一緒の時間をとれないというのは、親にとっても子にとっても不幸なことではないでしょうか。そうした悩みを抱えている人もいると思います。

その点、中国輸入ビジネスをはじめることによって、時間と場所の制約をなくし、自分の時間を取り戻すことができます。

手法やノウハウは、すでに確立されています。あとは「やる」か「やらない」かです。

■リサーチ作業の質と量

たまに、リサーチ作業に時間をとられることを懸念している人もいますが、作業自体はむずかしいこともなく、それほど気合いを入れて取り組む必要もありません。

実例として紹介した方々も、開発している新商品の数は、年間3~4個です。そのぐらいの開発であれば、1日1時間ほどリサーチすれば十分です。

もちろん、月収100万円レベルに到達するまでは、いろいろな試行錯誤を重ねます。ただその水準までくれば、意識して手を加える必要はありません。

むしろ、使える時間とお金がどんどん増えていきます。その段階になって、さらにビジネスを大きくするのか、それとも別の活動をはじめるのかは、個々人の自由です。


私の場合、売上がどんどん増えていくのがとにかく楽しくて、使える時間とお金を仕事に向けていました。しかしこれからは、別のことにも挑戦したいと思います。

今、私がしたいと思っているのは、中国輸入ビジネスで、年収600万円プレイヤーを500人つくること。もちろん、自分の中国輸入ビジネスを行いながらです。

そのような夢を抱けるのも、時間や場所に縛られない、中国輸入ビジネスのおかげです。

02

好きな場所に住みながらビジネスができる！

中国輸入ビジネスに特化するのであれば、必ずしも、日本に住む必要はありません。私自身、現在はタイのバンコクに住んで事業をしています。

なぜバンコクに住んでいるのかというと、ズバリ、楽しいからです。物価が安く、常夏で、女の子もかわいい。まさにこの世の楽園です。

タイに限らず、アジア圏にはホスピタリティあふれる国が多いです。親日国もたくさんあるため、輸入ビジネスを行いながら海外移住を検討してみるのもいいでしょう。

観光で訪れた国々から、将来の移住先を見つけるというのも楽しいものです。そうした自由な暮らしができるのも、中国輸入ビジネスの醍醐味と言えるでしょう。

ちなみに、海外旅行に行くと、日本のパスポートがいかに優秀かわかります。大抵、どの国であっても、ビザなしで30日間ほど滞在できます。

日本に仕事があり、収入があるのであれば、わざわざ現地で就労ビザをとる必要はありません。移住する場合はともかく、そうでないなら、気軽に訪れることができます。

もし、海外が苦手でなければ、日本のパスポートを有していることを武器に、いろいろな国に行ってみることをオススメします。世界の見方が変わることでしょう。

もちろん、外国を訪れるということは、中国輸入ビジネスを行う際にも役立ちます。異なる国の文化や慣習、売られている商品に、ヒントがあるためです。

たとえば、日本ではまだ流行していない商品やサービスを見つけることができれば、そこからアイデアを得て、商品開発に活かせます。

■ノーストレスの生活が手に入る

好きな場所に住んで、好きな時間に仕事ができるというのは、ノーストレスで仕事ができるのと同じです。精神的な安定は、人生の幸福度を大きく高めてくれます。

会社員として働いている人はもちろん、副業として何らかの事業を行っている人も、そこでストレスを溜めてしまっては意味がありません。むしろ、幸福度が下がってしまいます。

そうではなく、ストレスを感じることなく、しかもお金を得られるのが理想です。事実、私は今の生活になってから、ほとんどストレスを感じていません。

ストレスを感じないため、ストレスを発散する必要もない。本当に、自分の心に従って、好きなことを好きなようにやるだけです。

中には、「在庫がさばけないことでストレスが溜まるのでは?」と考える人もいるかもしれません。しかし、残った在庫はメルカリやヤフオクで売ってしまえば問題ありません。

そのように、もしものときの対策があるということも、中国輸入ビジネスの強みと言えます。私を含め、多くの人が実践してきたからこそ、ノウハウが蓄積されています。

ご存知でない方も多いかもしれませんが、ここバンコクにも、コワーキングスペースがあります。問題なくインターネットが使用でき、空調も整備されています。

このような静かで快適な空間で仕事をしていると、好きな場所で仕事ができるありがたみをよく感じます。しかも、好きな国に住みながらなのでなおさらです。

あなたにとって、理想的な生活とはどのようなものでしょうか。中国輸入ビジネスが、その理想を実現してくれるかもしれません。

03

副業は周りに反対されて当たり前

これだけ魅力的なビジネスである中国輸入ビジネスですが、いくら本人がやる気になっても、周りの人から反対されるケースは多いものです。

とくに、最初の段階でハードルとなるのが、身内からの反対です。既婚男性であれば奥さんが反対した結果、着手できないということも少なくありません。

ただ、そこであきらめてしまえば、いつまで経っても自由な生活を手に入れることはできません。どこかの段階で、思い切って行動することが求められます。

それは、周囲の反対を押し切って着手するということではありません。そうではなく、まず自分自身がやる気になること。そのためのマインドセットが必要です。

周囲を説得できるかどうかは、本人のやる気にかかっています。ちょっと反対されたぐらいであきらめてしまうようでは、まだまだ理解が足りません。

まず、自分自身の動機として、なぜ中国輸入ビジネスをやりたいのか考えてみてください。お金のため、生活のため、あるいは自由のため。なんでも構いません。

そしてその思いを確かなものにするために、情熱をもって、周囲を説得してください。気持ちが入っていれば、必ず理解してもらえるはずです。

もちろん、情熱だけでなく、中国輸入ビジネスがいかに素晴らしいのかをロジカルに伝えることも忘れないようにしてください。そのためのエビデンスは、本書に記載しています。

事実、中国輸入ビジネスで成功している人はたくさんいます。事例で紹介した方々は、全体のごく一部に過ぎませんが、そのような成功者がこの瞬間にも誕生しているのです。

これから先、アマゾンで商品を販売することは、メルカリやヤフオクで不用品を処分するのと同じぐらい当たり前になるはずです。

しかし、当たり前になってしまえば稼ぎにくくなります。他人よりも一歩先に行動できる人だけが成功できるのです。

■反対する理由は〝恐怖心〟にある

そもそも、中国輸入ビジネスに反対する人は、どのような理由で反対しているのでしょうか。私の経験から考えると、その多くは〝恐怖心〟にあるようです。

つまり、「失敗したらどうしよう」「在庫が残ったらどうしよう」「借金が増えたらどうしよう」など、起こり得るリスクをイメージし、恐怖しているのです。

たしかに、どんなビジネスにも一定のリスクはあります。何らリスクがない事業は、リターンがない慈善事業と同じです。それでは、副業になりません。

しかし一方で、何もしないことにもリスクはあります。たとえば、日本の年金問題。年金財政が悪化すれば、将来、年金がもらえなくなってしまうかもしれません。

あるいは、勤めている会社が業績不振に陥ったり、倒産してしまったりしたら。新しい仕事を探さなければなりません。そのときに、次の仕事が見つからなかったら……。

この世に生きている以上、誰にでもリスクはあります。それを完全になくすことはできません。

できるのは、自らのリスクに目を向けて、適切に対処することです。

仕事やお金についてのリスク、あるいは将来のリスクに対処するために、副業をはじめることは有効です。

そしてその方策の1つが、中国輸入ビジネスなのです。

04

「利益＝お客さまの笑顔の対価」。儲けることは良いこと

これから中国輸入ビジネスをはじめる人の中には、お金儲けをすることに対し、抵抗感をおぼえる人もいるかもしれません。

冒頭でも述べましたが、お金儲けそのものは、決して悪いことではありません。考えてもみてください。世の中の多くは、ビジネスによって成り立っています。私たちが暮らす社会もまた、お金儲けというビジネスの本質に支えられているのです。

おそらく、お金儲けが悪いことだと考えている人は、この言葉がもつイメージを意識しすぎているのではないでしょうか。

私は、お金を儲けるということを、次のように解釈しています。

「利益とは、お客さまの笑顔の対価である」

事実、どのようなビジネスでも、利益を得た先にはお客さまの笑顔があります。規模の大小はありますが、何らかの問題を解決したり、願望を実現したりするのが事業です。

そしてその対価として、お客さまからお金をいただく。そうした営みこそ、儲けるということの本質なのです。

事業主は、つねに誰かに価値を提供しています。

中国輸入ビジネスにおいても同様です。

通常であれば、中国で生産されている商品をそのまま購入することはできません。しかし中には、素晴らしい商品もたくさんあります。

そのような商品を発掘し、ときに開発し、消費者のもとに届けること。その対価としてお金を得ることは、自然なことと言えるでしょう。

本当に良い商品を提供すれば、必ずお客さまに喜んでいただけます。健全に儲けることは、非常に良いことなのです。

05

夢を叶えるには、まず、何かを差し出す

「中国輸入ビジネスをはじめたいけど、なかなか時間がとれません」。そのような相談を受けるケースは多いです。

ただ、使える時間というのは〝探す〟ものではありません。あくまでも、使える時間を〝捻出する〟という意識で、最初の一歩を踏み出してください。

たとえば、通勤時間でリサーチや顧客対応ができることはすでに述べました。通勤中に寝ていたり、スマホゲームをしたりしている人は、この時間を有効活用しましょう。

また、プライベートの時間も見直すべきです。たとえば、無意味にテレビを観てしまっている人は、できるだけテレビを観ないように心がけてみてください。

ちなみに私は、起業したときにテレビは捨て、一切観ていません。

1日1時間、テレビを観る時間を減らせば、それだけで商品リサーチが可能です。まったく見ないのはむずかしくても、1時間であれば捻出できるのではないでしょうか。

あるいは、毎日のように行っていた飲み会を、週に1回、2週間に1回などと減らして

みましょう。その分、時間とお金の節約につながります。お酒が好きな人であれば、晩酌もまた節約できる時間です。お酒をやめる必要はありません。晩酌の時間を少し減らせばいいのです。

このように、自らの生活を振り返ってみると、捻出できる時間は意外にたくさんあることがわかります。そのうち、無理のない範囲で取り組めることからはじめましょう。そして、少しずつ継続していくことにより、やがて習慣化されていきます。習慣になると、今度は「やらないと気持ち悪い」というレベルに到達します。

そうなったら、あとは同じ作業をくり返していけばいいだけです。日々の習慣を続けていけば、より良い商品を発掘したり、開発したりできるようになります。どれほど優れた商品も、大ヒットも、そのような小さな積み重ねから生まれています。ぜひ、自分自身の〝何か〟を差し出す姿勢で、取り組んでみてください。

■自分の時間をどのように使うか

人に与えられた人生の時間は、1日あたり24時間です。この原則を変えることはできません。誰もが同じルールのもとに生き、日々を送っています。

ただ、その24時間をどのように使うのかは、私たち個人の裁量に任されています。成功のためのチャンスがあるとすれば、その裁量にこそ、あると言えるのではないでしょうか。

お金持ちの人も、そうでない人も、使える時間は変わりません。しかし、時間をどう使うのかによって、今の自分を獲得したことは間違いないでしょう。

そして、これまでと同じような時間の使い方をしていては、人生が変わることはありません。何かを変えたければ、まず、時間の使い方を変えることです。

睡眠時間や食事の時間など、生きるうえで重要な時間を変える必要はありません。家族や友人との楽しい時間を減らす必要もありません。

ただ、少しだけ、自分の時間を見直してみること。そして、輸入ビジネスに使える時間を捻出してみること。

そこから、夢を叶えるための一歩がはじまります。

06

最初の一歩を踏み出そう！

これは私が創業した頃の写真です。会社を逃げるように辞めたのは25歳の冬でした。

当時は時給800円のアルバイトとゲームせどりで食いつなぎ、ファミコンソフトの間に布団を敷いて寝ていました（下の写真）。

それから1年後。中国輸入ビジネスをはじめてから、私の生活は大きく変わりました。

売上は倍々ゲームで増えていき、またたく間に会社の年商は4億円を超え、28歳当時の個人年収は3000万円。

200万円超の住民税課税通知書が届いたときの衝撃は、今でもはっきり覚えています。

すでに述べているように、私が4億円という売上を達

成できたきっかけは、たった1つのヒット商品でした。それだけで、年間3億円の売上をあげていたのです。

そのときの最高月商は6000万円。あまりに儲かるので、私は新しい商品も探すことなく、ただただ遊んでいました。

そしてある日、突然、その商品を販売することができなくなったのです。売上は一気になくなりました。

失敗の原因はただ1つ。慢心です。

その後、一発逆転を狙ってFXに手を出したものの、証拠金の1000万円をすぐに溶かしてしまいました。

社員も、資産も、すべてを失いました。

残ったのは、1800万円の借金と、中国輸入のノウハウだけ。そこで私は、原点に立ち戻り、中国輸入ビジネスを再開したのです。

利益率が良く、安定して儲かる中国輸入ビジネスのおかげで、どん底に落ちた私でも、時間もお金も自由に使える経営者として返り咲くことができました。

今では素晴らしい社員や仲間、会員の方々に囲まれ、好きなときに好きなことができています。

また、欲しいものは値札を見ずに購入できる、充実した日々を過ごしています。

■「まず、やってみる」

65歳が定年だとした場合、私たちは、40年近く働くこととなります。今後、定年がさらに延長されると、45年、50年と働く人も出てくるかもしれません。

しかも、少子化の影響で労働人口が減っているため、それこそ一生働き続けなければいけない人々が増えてくるとも予想されています。

さらに、稼いでも稼いでも、国が消費税をアップしたり、物価が上がったり、年金が下がったりし、いつまで経ってもお金の心配がつきまといます。

ほとんどの人が、一生、お金に悩まされる人生を送っている――。

そう言っても、過言ではないでしょう。

人生の悩みは、お金に左右されるケースが大半です。実のところ、私たちはお金に支配されているのかもしれません。

そのような悩みを少しでも緩和させるために、会社に所属して、したくもない仕事をし、自分の人生を切り売りしている人も多いです。

そのような現状を、今こそ、変えるときではないでしょうか。

中国輸入ビジネスをスタートし、もう1つの財布をもつことにより、お金の心配をしなくて済むようになります。

今まで叶えられなかった夢を叶えることができたり、場所や時間に縛られない生活を手に入れたりすることも可能です。

私は、もっともっと多くの人に、楽しく幸せに生きてほしいと思っています。そのために必要なのが「心の余裕」です。

心の余裕をもつためには、「お金の余裕」が不可欠です。


中国輸入ビジネスをはじめれば、お金の余裕が生まれます。そしてお金の余裕が、心の余裕をもたらします。

そして何より、自由で楽しい日々を送ることができるのです。

もし今、お金が原因のモヤモヤを抱いて生きているのなら、ぜひ、このビジネスをはじめてください。

お金の心配をなくし、すべての煩わしさから自由になるために。新しい未来へ、一歩を踏み出しましょう。

最後に、私の好きな言葉をご紹介します。

「まず、やってみる！」

本書を通じて、あなたの幸せをサポートできたとしたら、まさに望外の幸せです。

佐藤　大介

期間限定

読者限定特典！

特典①Excel生データ３点！

★「仕入れジャッジシート」（付録2）

★「オリジナルブランドスターティングノート」（付録4）

★「在庫回避しきい値表」（付録５）

Excel生データなので、そのまま活用できます！

特典②儲かる商品の紹介

★アマゾン、メルカリ、ヤフオク！で実際に売れている商品の仕入URL（アリババ、タオバオ）、仕入価格を紹介します。儲かる、利益の出る商品だけの紹介です。

★一回だけでなく、毎週探して、最新情報をお届けします。

例えばこんな感じです。

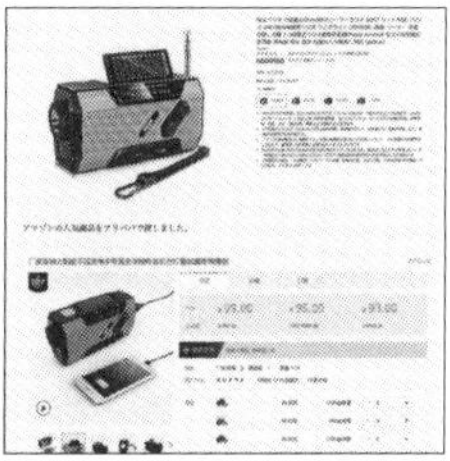

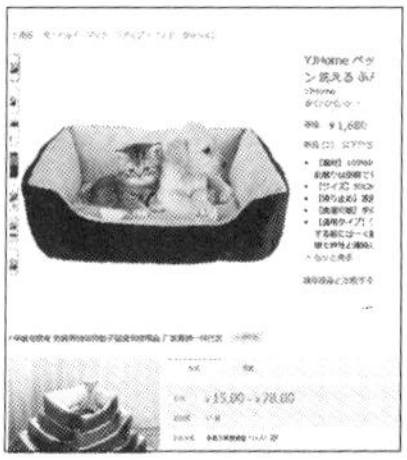

特典③代行会社「イーウーパスポート」１ヶ月無料！

★イーウーパスポートは日系代行会社最大規模の代行会社です。月額定額制で仕入れ放題、代行手数料無料。読者特典で申し込めば1ヶ月無料で使えます。最低利用期間等はありませんので、１ヶ月以内に解約すれば会費は一切はかかりません。

★特典を今すぐGET★

お申込みは、こちらをスマホで読み込んでください。

https://yiwupassport.com/goldmember/book/

※本特典の提供は、株式会社イーウーパスポートが実施します。販売書店、取扱図書館とは関係ございません。お問い合わせは03-6228-3431までお願い致します。
また、本特典は予告なく終了することがあります。予めご了承ください。

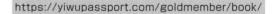

佐藤大介（さとう・だいすけ）
中国輸入ビジネスアドバイザー。株式会社イーウーパスポート 代表取締役。
https://yiwupassport.com/
1980年、埼玉県春日部市出身。聖学院大学・政治経済学部卒。時給800円のフリーター時代にネット通販と出会い、中国輸入ビジネスを始め２年目で年商４億円を売り上げる。現在は日本、中国、タイなど国内外で9社を経営（年商48億円）し、1年の半分以上を海外で過ごす。誰もが必ず儲かる「中国輸入ビジネス」の第一人者として中国のイーウーに現地法人を作り、会員制の中国輸入ビジネスサポートサービス「イーウーパスポート」を運営。現地での買い付け・仕入れツアーを主催し、ノウハウを学びながら輸入ビジネスに取り組む会員の多くが成果を出している。

出版プロデュース／天才工場　吉田浩
編集協力／潮凪洋介　山中勇樹

会社《かいしゃ》を辞《や》めずに年収《ねんしゅう》1000万円稼《まんえんかせ》ぐ！
中国輸入《ちゅうごくゆにゅう》ビジネス

2019年12月5日　初版発行

著者　佐藤大介
発行者　常塚嘉明
発行所　株式会社 ぱる出版

〒160-0011　東京都新宿区若葉1-9-16
03(3353)2835 ― 代表　03(3353)2826 ― FAX
03(3353)3679 ― 編集
振替　東京 00100-3-131586
印刷・製本　中央精版印刷(株)

ISBN978-4-8272-1206-8 C0034